福 建 教 育 学 院 资 助 出 版

"福建省'十三五'中小学名师名校长培养工程丛书"编委会

（福建教育学院培养基地）

丛书主编：郭春芳

副 主 编：赵崇铁　朱　敏

编 委 会：（按照姓氏笔画顺序排列）

于文安　杨文新　范光基　林　藩　曾广林

名校长卷

主　　编：于文安

副 主 编：简占东

编　　委：陈　曦　林文瑞　林　宇

名 师 卷

主　　编：林　藩

副 主 编：范光基

编　　委：陈秀鸿　唐　熙　丛　敏　柳碧莲

福建省"十三五"名师丛书

"由感而悟"
品数学

刘其武　◎著

厦门大学出版社
XIAMEN UNIVERSITY PRESS
国家一级出版社
全国百佳图书出版单位

图书在版编目(CIP)数据

"由感而悟"品数学/刘其武著.—厦门:厦门大学出版社,2020.8
(福建省"十三五"名师丛书/郭春芳主编)
ISBN 978-7-5615-7880-3

Ⅰ.①由… Ⅱ.①刘… Ⅲ.①中学数学课—教学研究—初中 Ⅳ.①G633.602

中国版本图书馆 CIP 数据核字(2020)第 161166 号

出 版 人	郑文礼
责任编辑	郑 丹

出版发行 厦门大学出版社

社 址	厦门市软件园二期望海路 39 号
邮政编码	361008
总 机	0592-2181111 0592-2181406(传真)
营销中心	0592-2184458 0592-2181365
网 址	http://www.xmupress.com
邮 箱	xmup@xmupress.com
印 刷	厦门集大印刷厂

开本	720 mm×1 000 mm 1/16
印张	11.75
插页	2
字数	206 千字
版次	2020 年 8 月第 1 版
印次	2020 年 8 月第 1 次印刷
定价	58.00 元

本书如有印装质量问题请直接寄承印厂调换

厦门大学出版社
微信二维码

厦门大学出版社
微博二维码

◎ 总　序

　　"百年大计,教育为本;教育大计,教师为本。"教师队伍建设是教育质量提升的关键。2018 年,中共中央、国务院印发《关于全面深化新时代教师队伍建设改革的意见》,吹响了新时代教师队伍建设改革的集结号,提出教师队伍建设改革的目标是"到 2035 年,教师综合素质、专业化水平和创新能力大幅提升,培养造就数以百万计的骨干教师、数以十万计的卓越教师、数以万计的教育家型教师"。福建省委、省政府牢记习近平总书记"福建没有理由不把教育办好"的殷切嘱托,以高度责任感、使命感,坚持教育优先发展,始终将建设一支师德高尚、业务精湛、结构合理、充满活力的高素质专业化教师队伍作为基础工作,出台了一系列政策措施,激发广大教师投身教育综合改革的积极性、主动性、创造性。福建省教育厅为打造基础教育高层次领军人才队伍,实施"强师工程"核心项目——中小学名师名校长培养工程,旨在培养一批在省内外享有盛誉的名师名校长,促进我省教育高质量发展。

　　"十三五"期间,福建教育事业紧紧围绕"新时代新福建"发展战略,坚定不移走以提升质量为核心的内涵发展之路,着力推动规模、质量和效益的协调发展,努力让教育改革发展成果更多地惠及民生,让人民群众有更多的获得感。2017 年,省教育厅会同财政厅启动实施了"十三五"中小学名师名校长培养工程,在全省遴选培养 100 名名校(园)长、培训 1000 名名校(园)长后备人选、100 名教学名师和 1000 名学科教学带头人。通过全方位、多元化的综合培养,造就一批师德境界高远、政治立场坚定、理论素养深厚、教学能力突出(治校能力突出)、教学风格鲜明(办学业绩卓越)、教育视野宽阔、富有开拓创新精神、在省内外有较大影响力的名师名校长,为培育闽派教育家型校长和闽派名师奠定基础,带动和引领全省中小学教师队伍建设,为推进我省基础教育优质均衡发展、办好人民满意教育,为"再上新台阶、建设新福建"提供有力的人才保障。

为扎实推进福建省"十三五"中小学名师名校长培养工程,保障实现预期培养目标,福建教育学院作为本次名师名校长培养工程的主要承担单位,自接到任务起,就精心研制培养方案,系统建构培训课程,择优组建导师团队,不断创新培养方式,努力做好服务管理,积极探索符合名师名校长成长规律的培养路径,确保名师名校长培养培训任务高质量完成,助力全省名师名校长健康成长,努力将培养工程打造成全省乃至全国基础教育高端人才培养示范性项目。

在培养过程中,我们从国家战略需求、学校发展需求和教师岗位需求出发,积极探索实践以"五个突出"为培养导向,以"四双""五化"为培养模式的基础教育高端人才培养路径。其中"五个突出":一是突出培养总目标。准确把握目标定位,所有培养工作紧紧围绕打造教育家型名师名校长而努力。二是突出培养主题任务。2017年重点搞好"基础性研修",2018年重点突出"实践性研修",2019年重点突出"个性化研修",2020年重点抓好"辐射性研修"。三是突出凝练教学主张(办学思想)。引导培养对象对自身教学实践经验(办学治校实践)进行总结、提炼、升华,用先进科学理论加以审视、反思、解析,逐步凝练形成富含思想和实践价值、具有鲜明个性的教学主张(办学思想)。四是突出培养人选的影响力与显示度。组织参加高端学术活动,参与送培送教、定点帮扶服务活动,扩大名师名校长影响。五是突出研究成果生成。坚持研训一体,力促培养人选出好成果,出高水平的成果。

"四双":一是双基地培养。以福建教育学院为主基地,联合省外高校、知名教师研修机构开展联合培养、高端研修、观摩学习。二是双导师指导。按照理论联系实际原则,为每位培养人选配备学术和实践双导师。三是双渠道交流。参加省内外及境外高端学术交流活动,积极承办高水平的教学研讨活动,了解教育前沿情况,追踪改革发展趋势。四是双岗位示范。培养人选立足本校教学岗位,同时到培训实践基地见学实践、参加送培(教)活动。

"五化"：一是体系化培养。形成"需求分析—目标确定—方案设计—组织实施—效果评估"的培养链路,提高培养专业化、精细化、科学化水平。二是高端化培养。重视搭建高端研修平台,采取组织培养人选到全国名校跟岗学习、参加国内高层次学术会议和高峰论坛、承担省级师训干训教学任务等形式,引领推动名师名校长快速成长。三是主题化培养。每次集中研修,都做到主题鲜明、内容聚焦,坚持问题导向和结果导向,努力提升培养的针对性和实效性。四是课题化培养。组织培养对象人人开展高级别课题研究,以提升理性思维、学术素养和科研水平,实现从知识传授型向研究型、从经验型向专家型的转变。五是个性化培养。坚持把凝练教学主张(办学思想)作为个性化培养的核心抓手,引导培养人选提炼形成系统的、深刻的、清晰的教育教学"个人理论"。

通过三年来的艰苦努力,名师名校长培养工作取得了显著成效,积累了丰硕成果,达到了预期目标。名校长培养人选队伍立志有为、立德高远的教育胸襟进一步树立,办学理念、政策水平和管理能力进一步提升,立功存范、立论树典的实践引领能力进一步提高,努力实现名在信念坚定、名在思想引领、名在实践创新、名在社会担当。名师培养人选坚持德育为先、育人第一的教育思想进一步树立,教书育人责任感、使命感和团队精神进一步强化,教育理论素养进一步提升,先进教育理念进一步彰显,教育教学实践和创新能力进一步增强,独特教学风格和教学主张逐步形成,教育科研和教学实践均取得了丰硕成果。一是专项研究深。围绕教学主张或教学模式出版了 38 部专著。二是成果级别高。84 位名校长人选主持课题 130 项,其中国家级 6 项;发表 CN 论文 239 篇,其中核心 16 篇;53 位名师培养人选主持省厅级及以上课题 108 项,其中国家级 7 项;发表 CN 论文 261 篇,其中核心 81 篇。三是奖项层次高。3 位获 2018 年教育部基础教育国家级教学成果奖二等奖;15 人获得 2017 年、2018 年福建省基础教育教学成果奖,其中特等奖 3 位、一等奖 7 位、二等奖 5 位;1 位评上国家级"万人计划"教学名师;34 位培养人选评上正高级职称教师;13 位获"特级教师"称号;2 位获"福建省优秀教师"称号。四是辐射引领广。开设市级及以上公开课、示范课 203 节;开设市级及以上专题讲座 696 场;参加长汀帮扶等"送培下乡"活动 239 场次;指导培养青年骨干教师 442 人。

教育是心灵的沟通,灵魂的交融,思想的碰撞,人格的对话,名师名校长应该成为教育的思想者。在我省名师名校长培养对象即将完成培养期时,福建教育学院培养基地组织他们把自己的教学(办学)思想以著作的形式呈现给大家,并资助出版了"福建省'十三五'名校长丛书""福建省'十三五'名师丛书",目的就是要引领我省中小学教师进一步探究教育教学本质,引领我省中小学校长进一步探究办学治校的规律,使名师名校长培养对象成为新时代引领我省教师奋进的航标,成为办人民满意教育的先行者。结束,是下一阶段旅程的开始,希望我省名师名校长培养对象不忘立德树人初心,牢记为党育人、为国育才使命,积极投身新时代新福建建设,为福建教育高质量发展再建新功。是为序。

福建教育学院党委书记、教授、博士

郭春芳

2020 年 8 月

◎ 前　言

　　数学教育的真谛是什么？我们应该如何教数学？这是我近几年来一直在思考和探索的问题。总的来说，数学教育要着眼于学生的发展，着眼于学生的未来。具体地说，数学教育要尊重和确立学生在教学中的主体地位，要引导学生积极参与教学，要培养学生对问题主动探索的能力，独立思考的积极态度，要激发学生的创新精神和重视培养学生的实践能力。

　　基于对数学教育上述问题的认识，结合自身的教育教学实践，笔者在初中数学教学中进行了长达 10 年的探索，开展了"改善数学学习方式，促进核心素养形成"的研究与实践。主要做法：其一，为学生提供主动参与的机会，促进主动学习；其二，为学生提供多种数学学习体验，促成主动探究，促进创新素养的形成。

　　本书从初中数学的"教"与"学"出发，聚焦新课改的重点，切中数学教育的学习方式转变问题，将数学思想方法与解决生活实际问题密切结合。改变"他主、单一、被动接受"的学习方式，倡导"自主、体验、主动探究"的学习方式。在教学实践中，开展"由感而悟"品数学的研究与实践，让学生感受生活现象，领悟数学本质，在"感悟"中促进学生数学核心素养的形成。本书内容主要分为六部分："由感而悟"品数学的教学主张形成，"由感而悟"品数学的过程构建，"由感而悟"品数学的教学途径，"由感而悟"品数学的教学策略，"由感而悟"品数学的学法指导，"由感而悟"品数学的教学反思。通过以上教学研究，旨在改善教师的"教"和学生的"学"，培养学生创新意识和创造能力。

　　本书中的许多提法或者观点、意见还相当肤浅和不成熟，亦或只是一个"引子"，仅供参考，恳请广大读者批评指正。

　　本书在撰写过程中,参考了同行和前辈的相关资料,已在参考文献中列出,但难免有所遗漏,在此特别向所有原作者表示衷心的感谢!

　　本书可以作为中小学教师在教育、教学过程中的参考资料,也可以作为指导学生自主学习的学习材料。

　　最后,我要特别感谢福建教育学院名师培养专家团队和工作人员,感谢厦门集美中学的领导、同事和学生对本书的大力支持,感谢家人的理解和支持,感谢大家!

刘其武

2020 年 5 月于厦门集美中学

目　录
CONTENTS

第一章

"由感而悟"品数学的教学主张形成

第一节　"由感而悟"品数学的缘起

　　数学,是人类文明的重要组成部分,已成为公民必备的一种基本素质。数学在形成人类理性思维的过程中发挥着独特的、不可替代的作用。作为衡量一个人能力的学科,从小学开始,很多同学对它情有独钟,投入了大量的时间和精力来学习。然而,并非人人都是成功者,许多小学数学成绩的佼佼者,进入中学后的第一跟头就栽在了数学上。

　　通过调研发现,初中生学不好数学的主要原因:对数学学习兴趣不足,缺乏学习的主动性;数学学习,只限于表面,缺乏主动钻研与开拓精神;对问题的解决往往只会生搬硬套,只会模仿,不会学习。那么,如何改变这种局面?笔者针对目前的教学困惑一直在思考三个问题:第一,如何让学生能够更为轻松愉快地学习?第二,如何让学生能够更为主动地学习?第三,如何让学生"会学"数学?通过长期的探索和研究,笔者认为数学教学的关键在于改进教学方法,让学生主动参与,破除数学的神秘感,使数学贴近学生,贴近生活。重点解决两大问题:其一,解决初中生在数学学习中没有兴趣、没有动力、没有能力,即"不爱学""不会学"的问题。其二,改变初中生在数学学习中"他主、单一、被动接受"的学习方式,倡导有效地接受与体验、领会、发现相结合的学习方式,促进学生数学核心素养的形成。

　　1992年9月至今,笔者任教中学数学28年,自1996年起开展指导自主学习教改实验,以弘扬学生主体性为宗旨,构建体现学生主体地位的新型教学结构为核心的教学模式。坚持“先学后教，超前断后”，形成自己的教学风格，得到学生、家长的好评及同行的认可。2015年，笔者出版专著《指导自主学习——初中数学教与学的研究与实践》，以自己的教学实践为例，阐述个人观点，提出“让学生带着问题进教室，带着方法出课堂”的教学理念，倡导数学教学要让学生主动参与、亲身实践，让学生想学、学会、会学。

反思28年来的数学教学经历，笔者发现有这样几种发人深思的现象：其一，在同一教室里，同样的教学内容，同样的讲授方法，而学生对所接受到的信息的反应各不相同。其二，有时候不管老师怎么讲评、演示和分析，总有一部分学生不能理解和领会，也有的时候老师还没讲清楚课程，而有的学生则早已心领神会了。其三，为什么学生对有些知识学起来轻松，而对另一些知识则学得十分艰难，甚至不能理解。其四，数学知识本身比较抽象，很多内容需要学生去实践、感受和领悟。在教学过程中，教师常常需要借助图形，创设各种情境，激发学生丰富的想象力，或者让学生亲身体验和自我领悟。其五，教学中，面对学生难以理解的知识，教师总习惯把该知识分解成若干知识点进行讲解，此时我们会发现，刚开始学生所领会到的往往只是一些零碎的信息，只有当学生接受到最后的学习内容之后，方才焕然大悟——原来如此，针对上述五种课堂教学现象，笔者认为，产生上述现象的原因中，排除一些环境和方法性因素外，学生自身的悟性也是不可忽视的重要因素。因此，一旦缺乏悟性的作用，那么学生对数学知识的理解则仅会停留在文字表面，而无法对文字所隐含的丰富数学知识产生联系、建构，生成新的知识。可见，悟性在学生的学习过程中具有非常重要的作用，数学不是教出来的，也不是老师教会的，而是学生本身用心感悟的。

基于以上背景，结合自身教学实践，笔者凝练了自己的教学主张——“由感而悟”品数学，倡导数学教学要让学生主动参与、亲身体验和自我领悟，从而产生对知识的深刻理解、对技能的深刻感受、对思想方法的切实领会，在“感悟”中学会学习、学会思考、学会解决问题。即学习者能对自己的学习负责、做主；学习有内动力；知道怎么学——成为学习的主人，进行主动、建构式的学习。

第二节 "由感而悟"品数学的内容

一、感悟教学概述

感悟是由"感"和"悟"两部分组成的。究其本义,《辞海》说:"受感动而醒悟。"《辞源》也说:"有所感而觉悟。""感"是个体对外界信息的获得过程,它是个体对事物个别属性的认识,或者说是对具体形象的捕捉和留存,是个体感官材料的占有。"悟"属于一种非理性的直觉思维,是个体对客体的本质与规律的某一点或整体上的认识、体验与把握。感悟不是"感"和"悟"的简单相加,它一方面体现了"感"和"悟"之间的辩证统一关系,另一方面表明了从"感"到"悟"的一个动态的过程。

从学生学习的角度来说,感悟教学是学生基于悟性思维,通过各种感觉器官的作用,对教学内容有所感,从而与教学内容之间发生思维火花碰撞的过程。简单地说,感是感知,是对教学内容的融入情感性的思考;悟是悟得,是对该主题的深层次思考。从教师教学的角度来说,感悟教学是教师对教学内容有所感悟和思考,对主体有着自己独特的解读,同时,在教学活动中,教师通过调动学生的悟性思维,以及学生已有的知识经验,促使学生通过感受和领悟来达到学习知识的目的。感悟教学最重要的支撑点在于学生悟性思维的主动参与,认为学生的学习是学生与教师、学生与学习内容互动的过程。感悟教学所倡导的就是打破单纯的知识与技能教学的桎梏,使学生的学习向以"理解感悟"为基础的深度认知转化,不仅实现知识的初步掌握,还要实现知识与价值的整合,实现知识的生成和创造。

综上所述,感悟教学的主要观点包括:(1)感悟教学是一种教学思想,是学生通过内化已有的有关知识,然后主动构建和提升对认识对象的个体意义的过程。(2)感悟教学是一种教学过程,是教师根据学生的生活经验、认知特点、个性特征等有目的有意识地引导学生进行个性化创造性学习的过程。(3)感悟教学是一种教学方法,是教师和学生在共同获取大量感受材料的基础上,教师引导学生确定感受点,通过感受点的不断提升和扩大,逐渐搭建感悟桥梁（最近发展区），然后给学生自我感悟的时间和空间，去探索和发现新知识。

二、"由感而悟"品数学的内涵

《学记》有言："善歌者，使人继其声；善教者，使人继其志。其言也，约而达，微而臧，罕譬而喻，可谓继志矣。"这简短的几句话，充分阐明了课堂教学的意义——教学不是单纯的知识与方法的延续，更多的是学生在教师引导下，科学地延续和创造性地拓展知识体系。所以，笔者认为，数学教学要充分激发学生兴趣，调动学生积极性，引发学生的数学思考，鼓励学生的创造性思维。让学生亲身参与教学活动，获得直接经验；让学生自我体验、领悟和升华，形成对数学知识的认知，感受数学知识的真谛。"由感而悟"品数学重视的是延伸与改造课堂抽象知识，强调的是对知识的理解、思考过程，注重的是学生在学习知识时，对于智慧发展所需要的高峰体验与爆发力。

（一）基本内涵

"由感而悟"品数学源于感悟教学，是一种在充分尊重学生个性差异的基础上，围绕某一主题，通过教师的点拨、引导，使学生对外来知识与信息进行积极感受与领悟，达到对知识的整体把握与理解，并且实现意义生成的活动。感悟，即感受和领会，意在实践中找感觉、感受，在行动中领悟、探索。"感"，即感觉、感知、感受，是获取信息的过程；"悟"，即理解、领悟、升华，是加工处理信息的过程。"感"是"悟"的基础和诱因，"感"能为"悟"提供素材；而"悟"是"感"的升华和结果，是基于"感"，针对"感"，且超越"感"，是对感的积极提升和有意义的创造。概而言之，"由感而悟"品数学主要包含以下几方面的内涵：其一，"由感而悟"品数学强调尊重学生个性差异；其二，"由感而悟"品数学并非学生独立进行，它需要教师引领、点拨；其三，"由感而悟"品数学不仅强调知识的获得，更强调知识的创生；其四，"由感而悟"品数学强调学生感悟的渐进性，最终达到悟性的飞跃，即顿悟、灵光一闪；其五，"由感而悟"品数学强调的是由感而悟，一方面"感"是"悟"的基础，另一方面"感"需要"悟"得以升华；其六，"由感而悟"品数学强调对事物的整体理解和把握；其七，"由感而悟"品数学强调学生的感悟是伴随愉快、兴奋、刺激的过程。

(二)主要观点

"由感而悟"品数学主要有以下观点:其一,数学学习是对事物(知识)"由感而悟"的认识过程,是人脑对感知到的事物(知识)的重新组合、选择和建构,是个体对知识的深层次内化,是主体对所获得的外部知识、信息的深层次内化。其二,"由感而悟"是一种引起联想、生成意义的心理意识活动,一般包括感受、理解、情感、联想和领悟等诸多心理因素。其三,"由感而悟"品数学,学生借助已有经验在学习中的一种突发奇想,即顿悟、领悟,是学生通过分析、抽象、概括等百思不得其解时,由于已有经验的作用,使其心中突然一亮,灵光一闪,茅塞顿开。其四,"由感而悟"属于智慧和品格本身,是发展学生智慧和品格、培养创新能力的重要方式。

1."由感而悟"品数学以问题为基点

感悟教学以问题为导引,以体验为学习方式,最终完成对教学目标的顿悟与理解。即在体验中找感觉、感悟,在实践中感受和领会。

2."由感而悟"品数学以实践为依托

"由感而悟"品数学强调所有的教学活动都必须以"体验"和"领会"为指导,使学生在学习过程中建立认知行为与情感活动,以明确的操作和教学目标让学生将全部的注意力放在体验和领悟活动中。

3."由感而悟"品数学是超越知识的教学活动

"由感而悟"品数学主张学生的需要高于课程的需求。在这种教学模式下,课程被设计成学生需要的模式、类型,能够实现学生的全身心和谐发展。课程是手段,学生是目的。学生在课程中能够得到永恒的鼓励、关心、理解、信赖与尊重,可以让学生亲近他人,用已知的方式解决实际的问题。

第三节 "由感而悟"品数学的特性

一、悟得性

"由感而悟"品数学最为显著的特征就是悟得性。所谓"悟得性",即

"悟"有所"得","得"就是达到一种境界,一种融会贯通,是一个领悟、意会的过程。"由感而悟"品数学一般要经历"百思不得其解的困惑"和"突然灵光一闪、豁然开朗"两个阶段。第一个阶段是悟的准备阶段,是一个令人困惑的过程;第二个阶段则是悟有所"得"的阶段,是一个伴随着愉快、兴奋、刺激的过程,而这种愉快、兴奋、刺激,能促使学生不断地了解知识间的联系,理解它们的实质,弄清它们的真相,从而使一次又一次的感悟得以延续。

二、创造性

"由感而悟"品数学是学生通过感知信息和知识,在人脑中的重新选择、构建和提升,是主体对外部信息的内化和对已有信息重新组合的过程,其目的是产生新知识、生成个性化的新意义。因此,"由感而悟"品数学是一个创造性的过程,是通过感知所获得的外来知识和信息或原来感知中留存在大脑中的知识和信息的基础上所进行的创造活动。

三、主题性

"由感而悟"品数学是围绕着某个主题进行的,是教师通过创设课堂情境引领学生紧扣主题展开思考的感悟活动。主题性特征是它最为核心的特征,没有主题,则不能算是教学。因此,笔者认为课堂教学主题的确定必须考虑学生的实际,确定切实合理的主题,激发学生的兴趣,促进学生"由感而悟"。

四、主体性

"由感而悟"品数学吸收了建构主义理论的精华,认为教学中学生的学习过程是学生利用已有知识和经验与外界信息相互融合,积极主动构建意义,形成新的自我经验的过程。可见,"由感而悟"品数学注重学生学习的主动性、积极性的发挥,注重学生个体经验的形成,这凸显了学生在教学中的主体性地位。

五、差异性

"由感而悟"品数学强调学生对知识的内化和创造,因而它注重的是学生思维的展开,强调方法的运用和经验的积累。因此,"由感而悟"品数学,从某种意义上讲是一种个性化教学。它特别注重学生个性的张扬,充分尊重学生的个性差异,尤其关注学生的行为、习惯、兴趣、思维等的个性化发展。教师注重学生的求异思维,注重学习过程,注重知识的延伸和发展。

第四节 "由感而悟"品数学的目的

在数学教学过程中,我们不难发现,引导学生"由感而悟"品数学十分重要。它不仅可以弥补当前数学课堂教学中对学生悟性培养的缺失,还可以培养学生的理性思维和探索精神。正如有学者所言:"学生所获得的知识不是教师教出来的,而是在感知的基础上悟出来的。"只有学生自己"由感而悟"的知识才是真正属于自己的知识。感悟的过程虽然费时,但对学生终身有用。那么,"由感而悟"品数学的目的是什么?有何作用?笔者认为主要有以下三个方面的目的。

一、激发学习创造力

"由感而悟"品数学具有激励功能,目的是激发学生学习的创造力。"由感而悟"品数学不仅强调学生对知识和信息的获得,更是强调学生对外来知识、信息和已有经验的重组和创造。因此,在"由感而悟"品数学教学过程中,教师要有创造意识,积极为学生创设益于创新的学习环境,在真实的情境中激发学生对知识的创造欲望和动力。

二、改造学习行为

"由感而悟"品数学具有改造功能,目的是改造学习行为。灌输式的课堂教学以训练学生的规则意识为主,数学课堂是"规范式"的。学生处于被动接受状态,感受到的是压力,是束缚,学生学习兴趣不浓。而"由感而悟"的数学课堂是开放的、充满活力的动态课堂。课堂教学生动,充满悟性,学生自由、放松而又真实,课堂成了学生活动的乐园。这种学习环境的变化促进学生端正学习态度,纠正学习行为。学生不再为老师的严厉批评而感到害怕,不再为枯燥的课堂而迷茫,他们热爱生活,乐于学习,习惯思考,主动认识自己、规划自己的未来。

三、促进学习方式变革

"由感而悟"品数学具有促进功能,目的是促进学生转变学习方式。改善传统教学中"他主、单一、被动接受"的学习方式,形成"自主、多元、主动探究"的合作性、参与性、实践性的学习方式,让学生在学习过程中"感受现象,领悟本质",促进"突发奇想",在"顿悟、领悟"中激活学生的学习思维。

第二章

"由感而悟"品数学的过程构建

很多学生觉得数学枯燥无味,甚至对数学产生厌恶心理。带着这个问题,笔者在初中数学教学中进行了多年的探索与实践,开展"由感而悟"品数学的实践研究,引导学生品数学之道、品数学之术、品数学之美、品数学之味。

第一节　构建导学案教学模式,帮助"由感而悟"

近十多年来,随着教学改革的不断深入,课堂教学出现了不少新的组织形式,但绝大多数的课在深层次上并没有发生实质的变化。传统的课堂教学模式还是具有超常的稳定性,主要是以教师为中心,从教师的教出发,并提供了较明确的可操作程序,教师只根据教材和教参,按部就班进行操作,传统教学模式因此扎根于千百万教师的日常教学中。其结果是,由于教学中的教学目标、教学重点、难点、教学方法等,一般都是从教师教的角度设计的,在课堂教学实践中,教师往往忽视对学生的学习方法、学习态度、学习习惯、学习能力等知识以外的素质的培养。教师根据教案教学,学生被动地接受,致使在教学中"教师只管讲,任由学生听","教师讲得天花乱坠,学生听得昏昏欲睡"的教学状况仍然存在着一定的普遍性,影响了学生未来的发展,影响了教育方针的全面贯彻落实,影响了学生实践能力和创新精神的培养。所以,从目前教学的实际看,把课堂变成师生共同提出问题、共同解决问题的阵地,让学生积极主动地学习,全面提高学生的科学素质,应是新课堂教学改革的目标。"导学案"教学模式正是适应了当今教育的要求和学生自身发展的需要,坚持以学生的发展为本,其精髓是学生在教师指导下,自主学习,主动探究,把被动接受学习的过程变成主动发现知识、掌握科学学习方法的过程。这是对传统教育观念和教学模式的一次革命性变革。

那么,在新课程背景下如何改变传统的课堂,让课堂更具效率和活力?让学生在课堂更具施展的空间呢?围绕这一主题笔者进行了大量的调查研究,试图提出一种符合本校实际的课堂改革模式。数学组教师通过一年来对本校数学课堂的调研及对大量学生的访谈发现:在数学学科教学中,主要存在以下两个层面的问题。

1.教师层面

其一,教师普遍重视课堂如何教好、课后如何巩固?而忽视了学生的课前准备,即学生在学习新知识前,应该做什么?其二,教师对数学教学的局限性。由于中高考的现实性,教师通常会受到来自学校、家长的压力,不得不想方设法提高学生考试成绩,因此对学生兴趣、主动学习的能力的培养就有所忽视,时间一长就演变成了应试教育。然而这种教育出来的结果就是"只会模仿,不会学习",对学生今后的发展是极其不利的。

2.学生层面

其一,学生对数学学习兴趣不足,缺乏学数学的主动性。数学是每个人都应具备、与生活联系很紧密的一门学科。但一提数学,学生往往觉得很枯燥,不愿去学。但为了考试、为了分数、为了前途不得不去学。正因为这种被动的学习态度,所以学习的效果通常是很不理想,缺乏学习兴趣和主动性是无法学好数学的一个重要原因。其二,数学学习,只限于表面,缺乏主动钻研,开拓思维。通常我们以为数学就是算术,这当然是事实。但是数学——逻辑智能并不仅仅局限于算术,它同样可以帮助我们了解如何看待和解决问题,但这种智能的开发需要我们在平时学习时能深入钻研。而目前的学生在学习的过程中对问题的解决往往只会生搬硬套,不能够在研究解题方法中开拓思维、增强解决问题的能力。

基于上述现状,笔者学习和研究了大量的课改实验,发现"导学案"教学模式比较适合本校学情,并提出自己的教改模式:从学生的学出发,研究如何利用"导学案"进行导学?提出一切"导"都以学生的学习为中心,围绕学生的"学"而"导"。即坚持以学生为本,以学生的发展为本,其精髓是学生在教师指导下,把被动接受学习的过程变成主动发现知识,掌握科学研究方法,培养创新意识、创新能力的过程。这是对传统教育观念、教学模式的革命性变革。

一、"导学案"教学模式的概述

(一)"导学案"简述

"导学案"即学习方案。它是由教师在广泛调研学生的学习现状、研究学生建构知识的诸种因素及可能性的前提下,集思广益,精心编写的指导学生自学的教学辅助材料与实施方案。它是为学生课堂学习而设计的"学习方案"。导学案的设计完全从学生的"学"出发,是为学生的"学"服务的。它的目的就是要改变以教师的"教"为中心的传统的教学模式,而建立起以学生的"学"为中心的全新的课堂教学模式,真正体现"学生为主体"的原则。正如"教案"是教师如何教的剧本,突出的是"教"一样,导学案是学生如何学的剧本,突出的是"学"。根据这个定义,导学案绝不是教学内容的拷贝,也不仅是教师讲授要点的简单罗列,它一方面要帮助学生将新学的知识与已有的知识经验形成联结,为新知识的学习提供适当的附着点,另一方面也要帮助学生对新学的知识进行多方面的加工,以利于学生形成更为牢固的知识体系,另外还要指导学生掌握学习新知识的方式方法。导学案教学就是运用科学的学案,在教师指导下"先学后教"的教学模式。"学案"与"导学"密切结合,"学案"指导"导学","导学"依据"学案",重点在"导",变传统的单一教师讲授式和"要我学"的被动填鸭式为学生积极主动参与的"我要学"的教学模式。

1.导学案与教案的区别

教案与导学案是两个不同的概念。现代教育理念认为,教案是教师认真阅读教学大纲和教材后,经过分析、加工、整理而写出的切实可行的有关教学内容及教材组织和讲授方法的案例,其着眼点在于教师"讲什么"和"如何讲"?而导学案(即导学方案)是在新课程标准下,学生根据自己的知识水平、能力水准、学法特点和心理特征等具体情况,在教师主导下,由师生共同设计的,供学生在整个学习过程完成学习任务使用的学习方案,其着眼点则在于"学生学什么"和"如何学"? 二者的差异在于:前者着眼于教,后者着眼于学;前者以教师为中心,后者以学生为中心;前者侧重于教师"给予",后者侧重于学生"探究";前者侧重于"学会",后者侧重于"会学";前者追求的境界是"谆谆教诲,诲人不倦",后者追求的目标是"海阔凭鱼跃,天高任鸟飞"。二者虽然密切相连,但在目标要求、课堂角色、教育观念、课堂结构、教学方法等方面有着本质的区别。

2.导学案的特点

(1)基础性——面向全体学生,让其生动活泼主动地发展。尊重学生,注重充分发挥学生的主观能动性,以激发其主体精神;它依靠学生,注重引导学生直接参与并完成一系列学习活动,以发挥其主体作用;信任学生,注重用足够的时间和空间,让学生自主学习和发展,以确立其主体地位,做学习的主人。

(2)开放性——教学过程体现多维互动,教师不搞一言堂、灌输式。俗话说:"教无定法。"这其中主要是指教师课堂教学方法可以是多种多样的、机动灵活的,灵活的教学方法体现在教案和学案的灵活设计上。

(3)主体性——学生的学习是主动的。强调学生的主体性和探索性,并不意味着教师可以放群羊,撒手不管。恰恰相反,教师要立足于"主导"的地位,肩负起"教练"的责任。课前,要精心设计教和学;课堂要积极施教,应变有术,引导得法。唯其如此,师生才能默契配合,和谐相处,共同实现教学目标,创造教学最佳境界。

(4)差异性——面向全体学生的个性。如课堂提问、习题设置等思维训练要体现针对性、层次性、梯度性。关注每一个学生,给每一个学生提供成功的机会。

(二)导学案的编写

1.导学案编写的原则

设计和编制符合要求的导学案是使用"导学案教学法"的重要环节。导学案编制主要遵循三个统一的原则:第一,理清教与学之间的关系,实现教为主导、学为主体的原则,努力给学生提供更多的自学、自问、自做、自练的方法和机会,使学生真正成为学习的主人,增强对学习的兴趣。第二,引导学生独立思考,实现掌握知识(学会)与发展能力(会学)的统一,体现启发性原则,使导学案成为学生掌握学科知识体系和学科学习方式的载体、教师教学的基本依据。第三,实现个性发展与全面发展的统一。导学案的编写应该服从学生身心发展的特点和实际需要,充分考虑和适应不同层次学生的实际能力和知识水平,使导学案具有较大的弹性和适应性。编写导学案可从以下四个方面入手:

（1）趣味性。心理学家赞可夫说："教学法一旦触及学生情绪和意志领域，触及学生的精神需要，这种教学法就能发挥高度有效的作用。"导学案的设计也要注重知识性与趣味性有机结合，设计形式要灵活多样，结构要新鲜、新颖，简明扼要，可提供多种不同类型的资料、信息，图文并茂，紧扣时代脉搏。问题还要能够引发学生讨论、探寻更多的答案，形成合作学习的氛围，激发学生对学习内容的兴趣，让学生在"趣"中学。例如：在学习三角形三边关系时，先引导学生回顾"三角形的定义"，然后让学生动手将三组不同情况的木条进行试验操作，由此得出"三根木条中任意两根之和都大于第三根时，才能组成三角形"的结论。课后，有个学生告诉说："通过实践发现问题，太有意思了。我怀着浓厚的兴趣，全身心投入到实践和自学之中，很快掌握了三角形三边的关系。"

（2）量力性。导学案中设计的问题，既源于课本，又是课本的深化和拓展。所以照搬照抄和脱离课本都不可取。所设计的问题应该是不深奥复杂而又具有思考性，根据学生的潜在水平和表现水平之间的"最近发展区"来设计问题，达到"让学生跳一跳，摘到果子"的目的。

如：在讲解完全平方公式：$(a\pm b)^2=a^2\pm 2ab+b^2$ 时，可以引导学生对公式进行深化和拓展。让学生完成：

①$a^2+b^2=(a+b)^2+$ _____ ；

②$a^2+b^2=(a-b)^2+$ _____ ；

③$(a-b)^2=(a+b)^2+$ _____ 。

（3）系统性：导学案的设计既要有学习的目标、教学活动（知识的剖析、深化、拓展），又要有知识的迁移和运用（梯度训练题、分层作业）。这样，才符合学生的学习规律，才能有效地提高教与学的质量和效果。

（4）换位性：教师在编写导学案时，还要把自己假想成一名学生。在学习中如何来接受新知识、发现新知识、掌握新知识？会遇到什么问题，该如何解决？教师要设身处地去想一想。只有针对上述问题编写的导学案，才具有实用性。

（5）探索性：美国著名教育家布鲁纳认为："探索是数学教学的生命线"。导学案中要设计不同层次的问题，引导学生沿着符合自己思维方式的思路进行探索（而未必是当年数学家发现真理的过程）。要激励学生亲自动手、动脑，由特殊到一般，由具体到抽象，猜测、验证、肯定、否定，直到成功。

2.导学案设计的基本要素

一份完备的导学案,少不了问题、情境、教法、学法以及媒体使用要素等,这些构成了导学案的基本要素。

(1)问题要素。导学案本身就是一份引导学生探索的自学提纲。设计问题是引导学生探索求知的重要手段,是导学案设计的关键所在。因此,教师要依据教学目标、教学内容和学情,精心构建问题链。问题的设置要有一定的科学性、启发性、趣味性,要通俗、明白而准确,还要具有一定的层次和梯度,要设置坡度,循循善诱,让学生拾级而上。

(2)情境要素。人的活动总是在一定的情境中进行的。创设一定的情境,就能使学生身临其境,进入角色,激起兴趣,调动学习的积极主动性。因此,情境设计便是导学案的必要工作。教师要依据学习内容,把握学习环节,适时地、恰当地采用多种方式方法。譬如,或介绍背景知识,或用生动的语言、丰富的表情、恰当的体态动作,或借助各种媒体等,创造出浓厚的情境氛围,激发学生的情感,引起学生的共鸣,以取得良好的学习效果。

(3)教法与学法要素。导学案不仅需要设计教师如何教,而且需要设计学生如何学,只有把教师教的最优化与学生学的最优化融合在一起,才能保证整个教学过程的最优化。因此,教法与学法设计,便成为导学案设计的重要工作。教师应从教材和学情出发,在教法与学法的最优化方面动脑筋、下功夫,精心设计。

(4)媒体使用设计。广泛而正确地使用媒体,特别是现代信息技术,可以变枯燥的说教为生动形象的教学活动,激发学生的兴趣,调动其学习的积极性;可以变"少慢差费"的低效性教学为"多快好省"的高效性教学。因此教师应依据为教学服务的目的,针对学生实际,正确地使用媒体。既注意多样性、综合性,又注意适度性、恰当性,克服盲目性和随意性,以充分发挥媒体的效用。

3.导学案编写的注意事项

导学案编写的好坏直接影响到该教学模式的教学效果。在导学案的编写过程中应注意以下几个问题。

(1)教师在编写导学案时还要注意运用换位思考,教师设身处地地去想一想,如何编写的导学案,对于学生才最具有实用性;同时,要防止学生的思维进入死胡同,导学案的编写要突出一个"导"字,即在学生学习的过程中,诱导他们去发现知识,探求知识。同时,导学案的编写不仅仅是教师的事,在导学案使用过程中,教师不断得到学生的反馈信息,并进一步对导学案中的不合理、不科学的地方进行完善修改。学生在使用导学案的过程中,可以针对某个问题展开讨论,发表自己的见解,以至修改导学案。

(2)导学案的编写要注重归纳总结,思路点拨。导学案的编写从学习目标、复习旧知到自学指导、疑难解释,再到反馈练习、知识迁移等都要体现"先学后教,问题教学,启思导练,当堂达标"的教学方针,而且要注重归纳总结,思路点拨,设计的导学案不要只是知识点的罗列。

(3)导学案的编写要靠备课组的集体智慧,共同努力,尽量不要单枪匹马、各自为战。集体讨论才能保证导学案的质量。

(三)导学案教学的一般模式

导学案的构成对于各门课程来说是没有固定格式的,不同的学科就有不同的组成。但其大体上都具有以下几个组成部分。

(1)确定学习目标研究教材和《教学大纲》,以确定学习目标、学习重点、学习难点,深入挖掘知识点的能力价值。切合实际地制定出学习目标是导学案教学模式的基础,导学案中要体现出明确、具体的学习目标。学习目标应包括:智力目标和非智力目标,其中智力目标包括知识目标、能力目标等;非智力目标包括情感目标、心理培养目标等。导学案教学认为智力目标是显性目标,应写在导学案上,需要学生运用各种学习手段去完成;非智力目标是隐性目标,可不写在导学案上,但需要教师在课堂上恰当调节,创造条件得以落实。

(2)复习旧知,导学新知:任何新内容的学习总是建立在已有旧知识的基础上,有些知识点在教材的编排上跨度较大。学生往往在进行下一阶段的学习时,已经遗忘了上一阶段的内容,在学习上就存在一定的障碍。这时,教师就应善于找出"障碍点",并设计一定的内容,为学生的学习铺路搭桥。根据学生的认知规律,通过典型的学习过程将知识点进行拆分、组合,将概念的建立、规律的形成设置成不同层次的系列问题,给学生以明确的学习思路,它是导学案上的一条明线,是完成教学任务的载体和保证。新课中的许多新概念,思维跨度大,学生建立概念的困难较大,这时需要铺设一些台阶,要梯度小、密度大,体现知识的内在联系和保证思路的流畅,从而减少学生学习中的思维跨度,减小思考的难度,利于学生正确掌握知识,理解概念。在这里要做到因教学内容、要求不同,按学生的思维模式采取不同的认识方法。比如,在概念教学中,教会学生形成概念的方法:"提出问题—观察—分析—比较—抽象概括—演绎形成概念。"在知识规律的教学中,教会学生形成规律的方法:"提出问题—观察实验—归纳、演绎形成概念"或"已有概念、规律—逻辑推理—形成规律。"在基本理论的教学中,教会学生建立理论的方法:"已有概念、规律—提出假设—实验验证—建立基本理论。"系列问题的设计中要体现学法指导,让学生知道教师怎样教,他们应该怎样学、怎样练,将教师的教法转变为学生的学法。系列问题的设计还要体现知识所蕴含的能力价值和情感价值,这在导学案上往往是不明显的,但在教师编写导学案时应该做到心中有数,在课堂教学中,始终围绕着各种能力的培养和价值的实现组织教学。

(3)再编教材内容,突出重点难点进行问题讨论。教材内容的再编写不仅仅是教材内容和关键字词的填空与习题的堆积。一般来讲,教材内容的再编写要注意以下几点:①根据具体情况对课本内容进行删减、合并、重组。②在重难点处要创设一定的阶梯性问题,以降低所学内容的跨度。③要创设一定的问题情景,给学生留出创造思维的空间。④要充分体现教师对所学内容的处理技巧。⑤在所学内容的先后顺序的编排上要符合知识掌握的规律、符合学生的认知规律。教材内容的再编写大有文章可做,而且好的导学案绝不是一蹴而就、一朝一夕之功,必须潜心研究,分类专项突破,以挖掘导学案之潜力。

(4)专题训练,及时巩固。有针对性的训练是导学案中的重点内容之一,习题的质量关系到能否使学生用最少的时间掌握最多的内容,能否减轻学生的负担。这一环节在导学案中占最大的篇幅,一般来讲分成以下类型:①及时针对练习,位于某个具体知识点之后,针对性较强,这种练习一般用于课内;②课后巩固练习,这种练习一般于课后巩固复习用,也可作为学生的家庭作业;③强化训练,这种练习一般位于章节之后的综合性练习;④挑战练习,一般为学有余力的学生而设。绝不能把导学案当成变相的题海战术,这不但起不到应有的效果,反而会加重学生的负担。导学案中的习题设计要有一个出发点:"做是为了不做",既为了学生做更少的题、掌握更多的知识。

总之,导学案主要有三种类型:任务型导学案、问题式导学案和探究式导学案等。在编写导学案时到底采用何种模式,教师要根据教学内容和实际情况,灵活处理。

二、导学案教学模式的实施

导学案的教学模式操作的基本程序是:自主学习—发现问题—质疑讨论—问题反馈—精讲点拨—达标练习—课堂反馈。

(一)自主学习

上课前,将导学案分发到学生手中。上课时,教师用简短导语,明确学习目标,运用导语、演示实验或现代教育技术等手段,创设适当情景,激发学生探求新知的欲望,然后学生根据导学案,进行自主学习探究。

(二)发现问题

学生在自学过程中必然会发现很多问题,这一过程要善于引导,激发学生发现问题的热情,千万不能打击学生的积极性。有些问题可在小组内得到解决,对于一些不能解决的问题,其中包括教师在导学案设计中产生的问题,对于这些问题不要急于解决,教师、学生可先做好记载,以便在下一阶段进行讨论解决。

(三)质疑讨论

对于上一阶段无法解决的问题,可通过小组讨论,及时组织学生前、后、左、右四个同学组成小组,进行讨论。讨论中要求小组的每个成员都要简单地说出自己所做的分析、对问题的看法,供其他同学讨论、批评、切磋、补充。讨论中,教师要容忍一时的无秩序的"混乱",培养学生相互交流的习惯,虚心听取学生的不同意见。但时间不宜过长,经学生讨论解决不了的问题,决不浪费时间,应及时反馈。

(四)问题反馈

对于讨论中不能解决的问题,教师可根据反馈的信息及时进行课堂调控,有时还需要重新修改导学案,以便下一阶段的学习。

(五)精讲点拨

经过小组讨论解决不了的问题,集中解决。在这个过程中,教师要善于"导",将以上学习阶段中涉及的问题进行分解,增设台阶,减少坡度,重新展示给学生,教师起到一个"画龙点睛"的作用。

(六)达标练习

这是对学习过程的评价,也是对学习程度的检测,还是为了寻找学生学习的薄弱环节以进行补偿教学的重要措施。对于导学案中的训练题,教师要督促学生在规定的时间内独立完成。及时了解学生对各个知识点的掌握情况。根据反馈结果,及时矫正,并补充有针对性的练习题,给学生内化、整理的机会,从而把知识纳入个体的认知结构中。

(七)课堂反馈

在导学案实施过程中将预留一部分空间,作为学生自学探索的反馈。引导学生对自己的思维过程进行反思,反思自己是怎样发现和解决问题的。运用了哪些基本的知识方法、技能、技巧,发生了哪些错误,原因何在?

三、导学案教学模式的应用

(一)指导学生预习

在课前的适当时间将导学案发给学生,让学生根据自己情况提前预习。了解新课的重点、难点及知识间的联系,熟悉本节课要学习的问题,以便提高课堂听讲效率、提高自学能力。

(二)用于课堂学习

导学案中所提的问题,并没有加以解答,迫使学生展开思维,积极思考。但有很多问题,由于学生知识和能力的局限性,无法解决。学生就会在课堂中,有的放矢地钻研、讨论、听讲,主动动脑、动手、动口。

(三)用于课后复习

将每节课的导学案集中在一起,就是一份很好的复习材料。简明扼要,提纲挈领,同时又可帮助学生再现学习情景,有效地起到温故而知新的作用。

四、导学案教学模式的优势

(一)导学案教学模式突出了学生为中心的主体地位

导学案教学模式摒弃了"教师讲、学生听;教师写、学生抄;教师考、学生背"这种教师满堂灌、学生满堂装的知识单向传递的应试教育模式,而是通过导学案给学生提供更多的自学、自说、自练的方法和机会,充分尊重每个学生的主体地位和主体人格,有利于学生创造性的发挥与施展。从学生参与状态看,学生学习积极性高,课堂气氛活跃。从学生参与广度看,人人参与学习,没有被遗忘的角落。从学生参与方式看,有独立学习,有同桌交流,有小组探究,有全班讨论,符合学生的年龄特点和心理需要。

(二)导学案教学模式使学生学习的时间和空间在量上得到了保证

英国教育家斯宾塞提出,教学的一个秘诀就是要"知道怎样聪明地花费时间"。每节课教师讲授时间一般不超过三分之一,师生共同活动时间约占三分之一,学生独立活动时间不少于三分之一,课堂真正回归主体。学生能自己学会的,教师绝不越俎代庖。导学案实施中,每一个需要学生动眼、动脑、动手、动口的环节,教师都千方百计调动全体学生参与,尽量避免被少数几个人包揽。

(三)导学案教学模式提高了教学效率

导学案教学法优化了课堂教学结构,创设了一种宽松、愉悦、互动式的课堂教学氛围,大大提高了学习兴趣。学生在课堂教学中乐学、易学、活学、会学。同时,通过师生的课堂教学双向活动,加深了师生情谊,消除了师生间的心理隔阂,打破了传统的"师道尊严",有效地抑制了数学教学过程中极易出现的两极分化现象,使每位学生学有所得,不断感受成功。从而,大面积地提高了教学质量。

(四)导学案教学模式培养了学生的学习能力

导学案教学教学模式摆正了知识与能力的关系,充分认识到知识是学生能力发展的基础,而不是学习的最终目的。通过对知识点的问题化、层次化,教法的讨论化、示范化,技能训练的方法化、自主化,帮助学生找到一种适合自身的学习方法,调整和克服了学习中的不良心理,实现了"以导促学,培养学生学会学习"的教学目的。

五、实施导学案教学模式的体会

(一)要敢于"破"和"立"

实施导学案教改实验就是要打破旧的教学模式,创立以"学生为中心"的新模式。所以,认为学生自学不如老师讲得系统、翔实、快捷,唯恐有些课本知识得不到落实,影响教学效果等旧思想必须大胆摒弃。事实证明,以学生自学为主时,学习效果可能一时不如意,但随着时间的推移,随着学生自学能力的提高,学生的学习效果会越来越好。实施导学案教学法培养学生自学能力,是一个长期、系统的工程,非三日两天能见成效。在实施过程中,学生也会表现出对自学不积极的态度,教师切不可心灰意冷,重蹈传统教学的覆辙。只要我们按照学生的心理发展规律,制定出科学、合理的导学案,再加以"导好",并持之以恒,学生定能养成良好的自学习惯。"学"与"导"便会形成珠联璧合、水到渠成之势,体现自身优势,发挥出无与伦比的效应。但决不能把导学案看作是教师省力的一种方法。如果在课堂上采取"放羊式",该讲的不讲,该引导的也放给学生去"死啃",结果就会出现很多漏洞,学生不仅学不会,或"生米做成了夹生饭",还会让学生失去学习的信心。导学案教学法不能让教师省力,恰恰相反,教师要比常规教学的任务更为艰巨。它需要教师花更大的精力,付出更艰辛的劳动,才有可能取得理想的效果。由此可见,导学案不是为了使教师轻松,而是为了解放学生。

(二)要做教改的有心人

导学案教学模式的首要任务就是编写好导学案,导学案是指导学生学习的方案,不但要做到和学生充分沟通,还必须在教师之间取长补短,特别要虚心向老教师学习,学习好的方法,依靠集体的力量及时补充导学案。避免把导学案等同于习题讲义,在导学案中要体现出知识的发生过程,多给学生学法指导。从实验的研究中,笔者深深地体会到:导学案教学模式确实是中学数学教学中较理想的模式。但它必须和其他教学模式相互补充,才能收到良好的效果,如王永、余文森的"指导—自主学习"、卢仲衡的"自学辅导"教学模式等。这需要我们在平日的学习、工作中,仔细去琢磨、研究。

(三)要在实验中不断拓展和深化

1.导学案范围的拓展

"导学"是教师诱导学生学习。但不专属于教师,也不应是教师的独角戏,它同时存在于学生之间。学生之间是有差异的,其差异是可以利用的。学生不仅是学习的主体,在一定的条件下,也可以成为"教"的主体。因此,为了达到"导"与"学"的最佳效果,学生间的合作释疑有待于进一步研究。如:如何在同学间成立学习互助小组? 如何利用计算机"交互性好、传输快"等特点,制作"微信群论坛""联机讨论"等,实现学生之间的互"导"、互"学"。

2.导学案内容的拓展

目前,"导学"的资源主要仅靠教材、学案、黑板、粉笔、教师一张嘴,形式较单一,内容较单调,难以激发学生的学习兴趣,调动学习积极性,达不到高效的学习效果。因此,我们要借助现代化的教学设备——四机一幕、多媒体等,来弥补导学案的不足,增大导学案的容量,并利用多媒体多重感官刺激提高学生的接受度。据心理学理论可知:人擅长形象思维。所以,要充分利用多媒体教学,制作课件学案、电子学案等等,提高导学案的质量。

3.导学案模式的拓展

开展导学案教改实验,主要以导学案为载体进行导学。实际上,在信息技术高速发展的今天,导学的模式可以进一步挖掘和拓展,如利用计算机资源库、电子课本、网络资源等多种形式进行导学,都是今后研究的方向。

第二节　开展数学实验教学,促进"由感而悟"

　　在初中数学教学中贯彻数学实验教学,特别对一些探究性问题设计数学实验,让学生通过实验感受现象,领悟本质。实践了美国实用主义教育学创始人杜威提倡的"做中学"教学理念。主要包括以下两方面的研究:其一,"做中学"理念下的初中数学实验教学内容的研究,即在初中数学教学中开发了基于"做中学"理念的初中数学实验校本教材;其二,"做中学"理念下的初中数学实验教学方式的研究,即在初中数学教学中研究基于"做中学"理念的初中数学实验教学模式和类型。通过数学实验教学构建了"由感而悟"的数学课堂,倡导数学教学要让学生主动参与、亲身体验和自我领悟。在数学教学中嵌入实验教学,有效改善了初中生数学学习方式,促成学生主动探究,形成"自主、多元、主动探究"的数学学习方式,促进了学生核心素养的形成。

一、"做中学"理念下的数学实验教学

　　"数学实验"在 1996 年第八届国际数学教育大会提出,这一概念提出至今,引发众多数学教育工作者浓厚的兴趣,开始有零星的研究文章见诸报端。到 21 世纪,研究的教师越来越多,但大多研究教师从传统数学教学来看,认为数学实验只不过是纸上谈兵,即认为数学实验是思想上的实验,欧拉、拉卡托斯称之为"准实验"。纵观近年来针对数学实验教学的研究,大部分也只是一些案例研究,以及从信息技术视角开展的数学实验研究。在初中阶段,如何利用数学实验展示数学知识的探索活动,如何利用数学实验培养学生的综合能力,开展数学实验对初中学生的发展有何影响,特别是对培养学生的核心素养有何意义等方面的研究几乎还是空白。本节将针对初中数学核心素养的目标细化,研究开展数学实验与初中学生核心素养提升之间的关系,试图以数学实验为切入点,通过研究初中阶段数学实验教学的内容、教学形式及评价体系等方面,寻找培养学生的数学核心素养的途径和手段。

（一）数学实验教学的概念

"做中学"：《数学课程标准》指出，要让学生在参与指定的数学活动，在具体的情景中初步认识对象的特征，获得一些体验。"做中学"就是在教学活动中尊重学生的差异性，强调学生发展中的体验和交往，使学生成为发展和变化的主体，让学生动手操作，在操作中体验，经历学习的过程，感受成功的喜悦，增强信心，从而达到学习的目的。

数学实验教学：数学实验是承载探索数学知识、获得数学经验的重要载体，是通过学生主动的学习活动，让学生目睹数学知识的形成过程，亲身体验"做数学"、实现数学"再创造"的过程。包括观察、描述、操作、猜想、实验、收集整理、思考、推理、交流和应用等活动过程，数学实验教学强调学生学会从现实生活中发现问题，寻找规律、法则，让学生学会学习，从教师的行为转到学生的活动，并且从感觉效应转为运动效应的教学过程。

"做中学"理念下的初中数学实验教学：就是在初中数学教学中以数学实验为抓手，让学生动手操作，在操作中体验数学，培养初中学生数学核心素养的教学过程。主要包括以下三个方面：（1）"做中学"理念下的初中数学实验教学内容的开发；（2）"做中学"理念下的初中数学实验教学模式的设计；（3）"做中学"理念下的初中数学实验教学评价体系的建构。

（二）数学实验教学的理论基础和相关研究成果

1.理论基础

著名数学家欧拉认为："数学这门科学需要观察，也需要实验。"数学家、数学教育家波利亚也曾精辟地指出："数学有两个侧面，一方面它是欧几里得式的严谨科学，从这个方面看，数学像是一门系统的演绎科学；但另一方面，创造过程中的数学，看起来却像一门实验性的归纳科学。"《全日制义务教育数学课程标准（实验稿）》指出："有效的数学学习活动不能单纯地依赖模仿与记忆，动手实验、自主探索与合作交流是学生学习数学的重要方式。"其中指明了动手实验是一种很重要的学习方式。

数学实验教学实践了美国实用主义教育学创始人杜威提倡的"做中学"教学理念。主要的理论依据是建构主义学习理论。主要观点如下：（1）学生是教学情境中的主角。传统教学偏重教师的教，现代教学侧重视学生的学。学生是学习的主体，教师不能代替学生学习，学生只有在成为教学情境中的主角以后，才会积极主动地参与教学过程。（2）教学是激发学生建构知识的过程。教学就是要创设或者利用各种情境,帮助学生利用先前的知识与已有的经验在当前情境中进行学习和认知。(3)教师是学生学习的引导者、辅助者、资料提供者。教师的价值应体现在能否激励学生以探究、主动、合作的方式进行学习。(4)教学活动体现为合作、探究方式。教学要能引导学生主动参与知识的学习,一方面使学生面对问题情境,刺激他们思考、探究,另一方面营造人际互动、互激的情境,让学生学会在合作中学习。(5)教学活动的开展是一个过程。教学应该注重过程而不是结果。学生因为疑难、困惑而引起主动、探究学习,学生的冲突、混乱、惊奇实质上代表了学生的学习活动,所以,教师的职责不是给学生提供现成的答案,而是在忍耐、观察中,引导学生成长,这是一个过程。

2.相关研究成果

数学实验自 1996 年第八届国际数学教育大会提出,已有零星的研究文章见诸报端。比如 2007 年,邵光华、卞忠运基于自己的课题中发表了《数学实验的理论研究与实践》,指出:中学数学教育应重视数学实验,应将数学实验作为课程内容的一部分来设计。作为课程内容的数学实验,目的是以实验为载体,展示数学的探索发现过程,使学生亲历这个过程,从中发现数学、体验数学、理解数学、运用数学,培养创新意识和探索精神。作为课程内容的数学实验应体现活动化、操作化特征,注意返璞归真,在注意揭示数学概念定理的形成和发展过程以及展示数学问题的解决过程的同时,注意与基本的数学思想、数学方法挂钩,有机地和数学知识教学相互结合、相互促进。中国科学院院士张景中教授亲自主持开发了新的一代智能教育系列软件"数学实验室",其中"立体几何"和"平面几何"两部分,具有强大的处理图形和逻辑推理的功能,可以进行智能作图、自动推理、问题解答、练习辅导等智能性操作。

二、数学实验教学的实施及案例设计

(一)教学实验教学的实施

在初中数学教学中嵌入数学实验,培养和提升初中学生数学核心素养。笔者重点从以下两方面展开:其一,"做中学"理念下的初中数学实验教学内容的研究。即在初中数学教学中开发了基于"做中学"理念的初中数学实验校本教材。其二,"做中学"理念下的初中数学实验教学形式的研究:即在初中数学教学中研究基于"做中学"理念的初中数学实验教学模式和类型。主要流程如下:选取和设计数学实验素材;开展数学实验教学;建立数学实验评价体系;研究开展数学实验与培养数学核心素养之间的关系。开设数学实验教学实验班,并与平行班(未开展数学实验教学的班级)进行对比研究。针对数学实验的开展与数学核心素养的培养中出现的问题,在行动研究中不断反思、调整、改进。

(二)数学实验教学的案例设计

笔者通过发挥团队的力量,在初中教学中贯彻数学实验教学,开展"做中学"理念下的初中数学实验教学内容的研究,设计典型教学案例。开发了基于"做中学"理念的初中数学实验校本教材,这些案例在课堂教学实践中起到了良好的教学效果。同时,也发现数学实验教学是培养和提升学生的数学运算、逻辑推理、数学抽象、直观想象、数据分析、数学建模的好手段,是一种很好的学习方式。

实验1 用字母表示数

1.实验目的

(1)用火柴棍摆放图形,探究火柴棍的根数与图形的个数之间的对应关系,用小正方形拼成大正方形,探究大正方形与小正方形之间的数量关系。

(2)用整式和整式的加减运算表示实际问题中的数量关系,掌握从特殊到一般、从个体到整体地观察、分析问题的方法。

(3)积极参与数学活动,在数学活动过程中,合作交流,反思质疑,体验获得成功的乐趣,建立学好数学的信心。

2.实验准备

学生准备一盒火柴棍、若干张大小相等的正方形纸片。

3.实验过程

活动1:课件展示

(1)请同学们看图2-2-1,用火柴棍拼成一排由三角形组成的图形,如果图形中含有2,3或4个三角形,分别需要多少根火柴棍?如果图形中含有 n 个三角形,需要多少根火柴棍?

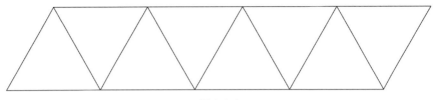

图 2-2-1

（2）甲组学生通过观察发现：

①每增加一个三角形，火柴棍根数就增加 2 根；

②如果图形中含有 1 个三角形，需要 3 根火柴棍；

③如果图形中含有 2 个三角形，需要（3+2）根火柴棍；

④如果图形中含有 3 个三角形，需要（3+2+2）根火柴棍；

⑤如果图形中含有 n 个三角形，需要 $3+2(n-1)$ 根火柴棍。

小结：应用整式的加减运算法则化简，可得火柴棍的根数与图形的个数之间的对应关系是：$3+2(n-1)=2n+1$。

（3）乙组学生说：

用火柴棍拼成 1 个三角形用 3 根火柴棍，若拼成 2 个三角形则需要 5 根，即 3+2 根。

拼成 3 个三角形是在拼成 2 个三角形需要火柴棍根数的基础上再加 2 根，即 $3+2+2=3+2\times2$ 根。

拼成 4 个三角形需要 $3+2+2+2=3+2\times3$。依次类推，拼成 n 个三角形需要 $3+2(n-1)$ 即 $2n+1$ 根。

（4）老师小结点评。

活动 2：

（1）课件展示题目：用大小相等的小正方形拼大正方形，拼第 1 个正方形需要 4 个小正方形，拼第 2 个正方形需要 9 个小正方形……拼一拼，想一想，按照这样的方法拼成的第 n 个正方形比第（$n-1$）个正方形多几个正方形？

（2）让学生积极讨论，交流探讨。各组气氛热烈，学生发言都非常积极，合作精神很值得发扬光大。

（3）一个学生代表说：拼第 1 个正方形需要 4 个小正方形，拼成第 2 个正方形需要（$4+2\times2+1$）个小正方形，同样拼第 3 个正方形需要（$9+2\times3+1$），依次类推，假设拼第（$n-1$）个正方形需要 m 个小正方形，则拼成第 n 个正方形就需要（$m+2n+1$）个小正方形，比第（$n-1$）个正方形多（$2n+1$）

个小正方形。

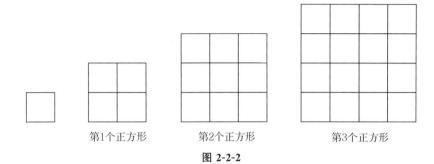

第1个正方形　　　　　第2个正方形　　　　　　第3个正方形

图 2-2-2

（4）另一个学生说：从图 2-2-2 上看出，所需要的小正方形的个数都是平方数，然后根据相应的序数与正方形的个数的关系找出规律解答即可。

（5）如上述这个题可根据变化规律写出第 n 个大正方形中小正方形个数的表达式与第 $(n-1)$ 个大正方形中小正方形的个数的表达式，相减就可以了，再利用完全平方公式整理即可得解。

过程如下：

①第 1 个正方形需要 4 个小正方形，$4=(1+1)^2$；

②第 2 个正方形需要 9 个小正方形，$9=(2+1)^2$；

③第 3 个正方形需要 16 个小正方形，$16=(3+1)^2$；

④第 n 个大正方形需要 $(n+1)^2$ 个小正方形；

⑤第 $(n-1)$ 个大正方形需要 $(n-1+1)^2=n^2$ 个小正方形。

所以，$(n+1)^2-n^2=2n+1$。

4.有待研究的问题

用字母表示数，本节课主要体现从特殊到一般的过程，反过来从特殊到一般需要注意哪些问题？

实验 2　反比例函数

1.实验目的

通过画图实验，探究反比例函数的性质。

2.实验准备

网格纸，几何画板动画。

3.实验过程

活动 1：画出 $y=\dfrac{4}{x}$ 的图像。

问题1：自变量 x 的取值范围是多少？函数 y 的取值范围又是多少？

问题2：x 与 y 的取值对图像有什么影响？试猜想此函数的图像形状。

问题3：列表、描点、连线，对比你的猜想，图像有什么异同？

表 2-2-1 自变量 x 与函数 y 的取值

x	1	2	⋯				⋯
y	4	2	⋯				⋯

活动2：如图 2-2-3，画出 $y = \dfrac{6}{x}$ 的图像。

问题：根据你的经验，想象一下此函数图像的形状和位置，并动手画图验证一下。

活动3：小组讨论函数 $y = \dfrac{k}{x}$($k > 0$)的图像位置特征和变化趋势。

活动4：用几何画板动画演示验证你的猜想，如图 2-2-4 所示。

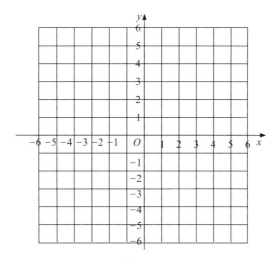

图 2-2-3

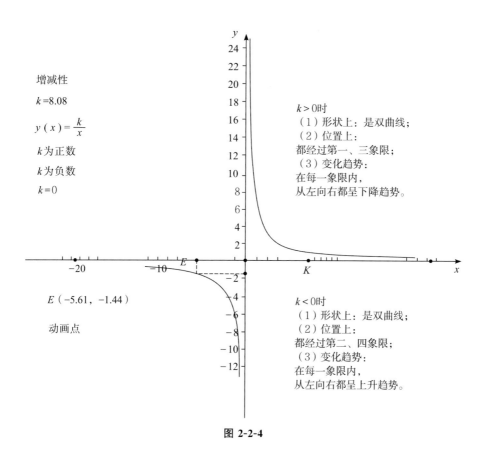

增减性

$k=8.08$

$y(x)=\dfrac{k}{x}$

k 为正数

k 为负数

$k=0$

$E(-5.61, -1.44)$

动画点

$k>0$ 时

（1）形状上：是双曲线；

（2）位置上：

都经过第一、三象限；

（3）变化趋势：

在每一象限内，

从左向右都呈下降趋势。

$k<0$ 时

（1）形状上：是双曲线；

（2）位置上：

都经过第二、四象限；

（3）变化趋势：

在每一象限内，

从左向右都呈上升趋势。

图 2-2-4

活动 5：画出 $y=\dfrac{-4}{x}$ 的图像。

问题：根据你的经验，想象一下此函数图像的形状和位置，并动手画图验证一下。

活动 6：画出 $y=\dfrac{-6}{x}$ 的图像。

问题：根据你的经验，想象一下此函数图像的形状和位置，并动手画图验证一下。

活动 7：小组讨论函数 $y=\dfrac{k}{x}(k<0)$ 的图像位置特征和变化趋势。

活动 8：用几何画板动画演示验证你的猜想。

4.有待研究的问题

活动 9：对比归纳函数 $\dfrac{a}{c}=\dfrac{b}{c}$ 的图像位置特征和变化趋势。

初中数学实验教学校本教材目录见表 2-2-2。

表 2-2-2　初中数学实验教学校本教材目录

序号	章节	内容
实验 1	第 1 章	有理数:数轴
实验 2	第 1 章	有理数:实验与探究 填幻方
实验 3	第 1 章	有理数:计算器使用与趣探
实验 4	第 2 章	整式:数学活动 用字母表示数
实验 5	第 3 章	一元一次方程:等式的性质
实验 6	第 3 章	一元一次方程:实际问题与一元一次方程
实验 7	第 4 章	几何图形初步:立体图形的平面展开图
实验 8	第 4 章	几何图形初步:角的比较与运算
实验 9	第 5 章	相交线与平行线:平行线及其判定
实验 10	第 5 章	相交线与平行线:探索两条直线的位置关系
实验 11	第 6 章	实数:用计算器探究平方根和立方根
实验 12	第 6 章	实数:为什么说$\sqrt{2}$不是有理数
实验 13	第 7 章	平面直角坐标系:用坐标表示地理位置
实验 14	第 9 章	不等式与不等式组:一元一次不等式的应用
实验 15	第 10 章	数据的收集、整理与描述:瓶子中有多少粒豆子
实验 16	第 10 章	数据的收集、整理与描述:利用计算机画统计图
实验 17	第 11 章	三角形数学活动——平面镶嵌
实验 18	第 12 章	探究"筝形"的性质
实验 19	第 12 章	探究三角形全等的条件
实验 20	第 13 章	课题学习:最短路径问题
实验 21	第 13 章	探究三角形中边与角的不等关系
实验 22	第 13 章	信息技术运用:用轴对称进行图案设计
实验 23	第 14 章	探究乘法公式的几何意义
实验 24	第 15 章	容器中的水能倒完吗?
实验 25	第 16 章	探究纸张规格与$\sqrt{2}$的关系
实验 26	第 17 章	勾股定理的证明
实验 27	第 18 章	实验探究:丰富多彩的正方形
实验 28	第 18 章	认识黄金矩形

续表

序号	章节	内容
实验 29	第 18 章	折纸做 60°、30°、15°的角
实验 30	第 19 章	探究一次函数的图像和性质
实验 31	第 19 章	一次函数的应用
实验 32	第 20 章	体质健康测试中的数据分析
实验 33	第 24 章	探究"四点共圆的条件"
实验 34	第 26 章	反比例函数
实验 35	第 27 章	相似三角形
实验 36	第 27 章	旗杆高度的测量
实验 37	——	制作一个容积尽可能大的无盖长方体

三、依托数学实验，构建"由感而悟"数学课堂

数学新课标指出："课堂教学应激发学生兴趣，调动学生积极性，引发学生的数学思考，鼓励学生的创造性思维；要注重培养学生良好的数学学习习惯，使学生掌握恰当的数学学习方法。""通过独立思考或者合作交流感悟数学的基本思想。"笔者认为，数学课堂要通过激发学生亲身参与教学活动，获得直接经验。让学生自我体验、领悟和升华，形成对数学知识的认知，感受数学知识的真谛。即构建"由感而悟"的数学课堂。让学生在课堂参与中有所体验、有所感受、有所领悟，从而产生对知识的深刻理解、对技能的深刻感受、对思想方法的切实领会。"由感而悟"的数学课堂，倡导数学教学要让学生主动参与，亲身体验和自我领悟。在感悟中学会学习、学会思考、学会解决问题。

（一）依托数学实验，有效改善了初中生数学学习方式

在数学教学中嵌入实验教学，就是在教学中组织指导学生借助有关工具进行动手操作，指导学生开展质疑、想象、操作、探究、验证等实践活动，使学生在观察、思考、分析、归纳等活动中体验数学知识的发生、发展及形成过程。从而激发学生的思维的元认知，提升学生数学的核心素养。改善了数学学习中"他主、单一、被动接受"的特征，促成学生主动探究，形成了"自主、多元、主动探究"的数学学习方式。

（二）数学实验有效促进了学生的数学理解

数学实验可以促进数学概念的形成；数学实验可以促进学生对数学的理解；数学实验可以揭示数学知识的本质。

（三）数学实验有效促进了学生的思维发展

数学实验有助于发现规律；数学实验有助于寻找方法；数学实验有助于问题解决；数学实验有助于思维创新。

（四）数学实验可以促进学生数学活动经验的积累

数学实验可以积累行为操作经验；数学实验可以积累探究经验；数学实验可以积累数学思维的经验。

（五）数学实验可以让数学课堂更灵动

数学实验有助于自主活动；数学实验有助于生生互动；数学实验有助于师生互动。

总之，依托数学实验，可以从以上五个方面构建"由感而悟"的数学课堂。对于培养学生的学习兴趣，提高自主学习能力、探索能力、感悟能力、创新能力等方面有许多优势。值得我们今后进一步的探讨、研究和改进。

第三节　依托现代技术手段，推动"由感而悟"

信息技术的迅猛发展对传统教学提出了新的挑战，它将改变学校教育和学习的方式，导致课堂教学发生深刻变化。同时，也给我们带来更广阔的学习空间，信息技术支持下的教学将成为学校教学的重要组成部分。在信息技术支持下如何有效地利用现有教学设施，探索学生自主学习、协作学习、探究学习的教学模式，成为广大教师共同关心的一个研究内容。

一、信息技术支持下的数学教学模式构建

在福建省普教教研室王永老师和福建师范大学教育系余文森副教授的指导下,集美中学于 2000 年 9 月至 2010 年 7 月开展了为期 10 年的"指导自主学习"教改实验,取得了一些经验,也发现了存在的问题。

经验:(1)"指导自主学习"教改实验打破了传统的教学模式,构建了"先学后教,超前断后"的教学模式。(2)"指导自主学习"教改实验强调师生平等,学生在教师指导下进行自主学习、协作学习、探究学习,课堂更具针对性、活动性、开放性。(3)"指导自主学习"教改实验实现了从"教师教会"向"学生会学"的教学转移,让学生学会了学习,学会了思考。

问题:(1)自主学习的资源不足,来自书本的资源较单调、枯燥,难以激发学生的学习兴趣,调动学习积极性,使学生主动参与学习。(2)教师在学生自主学习中的作用如何体现,即在"指导—自主学习"中如何发挥教师的指导功能,有待于进一步研究。(3)课堂交互性差,缺乏信息技术支持,无法实现师生之间、生生之间的协作学习、交互学习。(4)自主学习容易产生两极分化,开展"异步教学""个别化教学"迫在眉睫。

基于以上背景,我们提出了信息技术支持下的"感悟数学"教学的实践研究。重点研究:如何充分发挥信息技术优势,深入开展"感悟数学"教学。即在教师的指导下,充分利用信息技术实现学生的自主学习、协作学习和探究学习。

(一)信息技术支持下的"感悟数学"教学

在信息技术支持下通过激发学生亲身参与教学活动,获得直接经验,在体验中感悟数学知识,感受数学知识的真谛,培养学生数学核心素养的教学过程。针对初中数学核心素养的目标细化,以问题为导向开展信息技术支持下的"感悟数学"教学研究与实践。依托"感悟数学"教学,寻找培养学生的数学核心素养的途径和手段。主要从以下三个方面开展研究:(1)信息技术支持下的"感悟数学"教学基本内涵解读;(2)信息技术支持下的"感悟数学"基本观点与框架模型;(3)信息技术支持下的"感悟数学"教学评价体系的建构。

(二)信息技术支持下的"感悟数学"教学的实施

1.教学空间的变革:多功能网络教室

目前,集美中学为实验班专门配备了一间网络教室。它由硬件、软件、潜件三部分组成。

硬件:每位学生一台专用计算机,并连接宽带网,配备液晶投影仪、实物展台、VCD 等设备。在教室中设置图书角(文本、电子图书),教室以小组讨论的形式布局。

软件:在网络教室配置以下软件:网络光盘资源共享系统、网络视频点播系统、互联网资源共享系统、视频广播系统、屏幕广播系统、新教材初中数学教学软件系统、新一代数学网上测试和评估系统及师生共同建立的学习资源库。

潜件:对教师和实验班的学生进行培训,教师以自学为主,采取专题培训、讲座、讨论和外出培训等多种方式,学习现代教育理论特别是建构主义"学与教"理论、建构主义"学习环境"理论、"指导—自主学习"理论、现代信息技术有关理论。还专门聘请集美大学教育学、心理学、信息技术专职教授进行指导。实验班学生由课题组成员和计算机教师共同进行培训,培训内容包括电脑基本操作、输入法、几何画板等等。

2.学与教的变革

(1)教师备课备什么?

教学空间的改变,自然引发教师的备课变化,以适应新环境下的教学活动。主要从以下两方面着手备课。

第一,建立数学资源库。

建立资源库,以数学知识网络为主线,即按中学数学的思想方法进行分类,按学生学习的需要充实其内容。内容包括课内学习资源(以教材内容为依据重新编写),课外学习资源(数学竞赛、趣味数学、数学应用、数学史与数学家等),试题库等等。

第二,引导学生参与学习全过程。

由于教学手段的改变,学生学习模式也发生了根本性变化,由原来的灌输式教学向以学生自主学习、协作学习、交互学习、探究学习为主的教学模式转变。因此教师的作用也发生了变化,由原来的"教师手把手教会学生"转变为教师引导学生参与学习全过程。信息技术支持下教师的课前任务主要体现在:①教学内容问题化、信息化,即教师把所教的内容设计成若干问题,或设计一段情境让学生自己提出问题,或以某些信息的形式传递给学生。②教学问题形象化、生活化,引导学生解决问题时,教师尽量利用计算机动态模拟功能,设计出形象的、生活化的课件,便于学生理解。③教学对象具体化、个性化,即教师对学生的学情认真分析,利用计算机"隐藏""链接"等功能呈现给学生的教学内容能根据不同程度的学生有不同深浅的教学层次。④教学过程自主化、活动化,教师所设计的教学过程应充分考虑到学生的自主学习、自主实践,以学生主动参与学习活动的形式完成教学任务。

（2）学生上课干什么？

学生根据教师布置的任务,以及教师指定的学习路线,充分利用计算机中的资源进行自主学习、协作学习、交互学习、探究学习。

①自主学习。从教师文件夹取得学习任务;用电脑学习(电子光盘、资源库、互联网查找);文本学习(查找课本、图书角);将学习内容用记事本或电子文档记录。

②协作学习。六人小组讨论交流存在的问题;利用电子邮件将不能解决的问题向其他小组的同学求助;将不能解决的问题上传到教师的文件夹。

③交互学习。存在的问题由小组推荐一人在课堂上发言,由全班同学共同解决;利用联机讨论的方式,每天不懂的问题向全班同学求助,共同解决存在的问题,每个学生将讨论的内容保存在指定的文件夹中,经过筛选排出自己所需的内容。

④探究学习。对某个共同感兴趣的问题组成学习小组深入研究,分工进行搜索资料、参加实践获取所需数据,然后共同整理资料写出总结性报告或数学小论文。

（3）学生课后做什么？

学生课后有两项任务:第一,反思课堂,整理课堂上的收获和疑难问题,写出学习心得体会,并制作成网页。第二,准备新课,"帮助"教师搜集新课的资源,并保存在教师指定的文件夹中,以达到"先学后教、先试后做"的目的。

二、依托信息技术,推进"感悟数学"教学

初中数学教学开展教改实验一年多来,得到省、市教育行政部门的关

注和学校领导的大力支持,在实验教师积极探索、群策群力,及时根据实验情况调整教学策略,探索新举措,实验初见成效。

(1)坚定了学生学习的信心和毅力,培养了自主学习、自主实践、自主探索、自主创新的科学态度。实验期间,课题组曾用调查问卷形式对学生进行调查,结果是:

①你喜欢数学课吗?答"喜欢"的占94%。

②你对现阶段使用的教学方式是否赞成?答"赞成"的占90%。

③你认为用计算机能否帮助学习数学?答"能"的占84%。

④"信息技术支持下的感悟教学"这种学习方式适合你吗?答"适合"的占80%。

⑤你觉得学好数学有信心吗?答"有"的占92%。

⑥老师使用这种教学方法以后,你的成绩如何?答"有进步"的占74%。

⑦在信息技术支持下进行感悟教学,你还有什么收获?回答"提高了计算机应用能力"的占100%,回答"提高了学习兴趣"的占98%,回答"培养了自主学习能力、自主实践能力、探索能力、创新能力"的占90%。

⑧请你用《我与网络》为题写一篇小文章。有一位同学这样写道:

我与网络

一开学,我被分配到网络班,我很不情愿。一学期过去了,我爱网络班,特别爱上网络课,因为它让我学得轻松,老师教了许多应用软件的操作方法,我用这些软件做了许多有趣的图像,我也从老师的资源库中得到了很多有用的学习材料,还能上网查找我需要的一切,真是有趣极了。渐渐地,我明白了网络教学的新颖之处:学生自我学习靠网络,靠同学互相帮助,老师只是"问问题的工具"而已。这样一来,学生自由开阔思维,海阔天空。在这种模式下,学生只要能"自控",便可达到传统教学很难达到的效果。

我觉得网络班是个新颖而优秀的班,我一定好好学。

浓厚的学习兴趣、积极的学习态度和自主学习、自主实践、自主探索的学习方式能促进数学创造,甚至可以弥补智力上的不足。这调查结果表明,我们的实验不管从智力因素还是非智力因素上对学生都有积极的促进作用,也证明了实验的指导思想和教学形式、教学手段深受学生欢迎,是符合学生的需要的。

（2）实验班通过一年的实验，在 2016—2017 学年的期末统一考试及数学综合素质考评中，成绩喜人。

从开始基本平行分班，到一年后的学年考试和各项综合素质考评，经研究比对发现：实验班数学成绩三项指标（平均分、合格率、优秀率）都得到明显提高，更值得一提的是，在创新大赛、数学小论文评比、数学知识竞赛及网页制作大赛中，网络班更是取得喜人的成绩。这也从一个侧面说明信息技术支持下的"感悟教学"对于提高学生的学习兴趣，培养学生自主学习能力、探索能力、实践能力具有重要意义。

（3）实验教师自身素质得到提升。

实验期间，通过开展理论学习，上研究课、示范课及撰写实验报告、阶段性小结、教学论文等，大大提高了教师的教研能力和业务素质。实验教师们主要取得以下主要成果：（1）在各级、各类公开课上，实验教师所上的课均受到领导、同行的关注和好评；（2）实验课教案、案例入选优秀教案、案例集；（3）多篇教改论文获国家级或省、市级的奖励；（4）实验教师计算机水平迅速提高。

三、信息技术支持下的"感悟数学"教学的优势

（一）优化学习环境，拓展了学习空间

计算机进入课堂对于优化学生的学习环境、拓展学习空间起着重要作用。主要表现在以下三方面：（1）形成了学习资源的网络化，改变了原来学习来源单一的模式，丰富了课堂教学；（2）提供了学习工具多样化，原来只有黑板＋粉笔的单一工具，现在加进了多媒体等现代工具；（3）实现了人际关系平等化，即课堂学习、课后学习形成了师生之间，优、中、差生之间的真正平等，建立了温煦、和谐、融合的学习环境。

（二）改变了学生的学习方式

计算机网络使得传统的灌输式教学向建构式学习转化，形成了建构式学习的新模式。即学生通过自主参与、自主实践、自主探索获取新知识。主要体现在：（1）让学生承担了学习的责任——学会了自主学习；（2）实现

了因人施教——个别学习、协作学习、交互学习；（3）形成了对信息采集和转化的研究性学习，提高了学生的信息素养；（4）让学生参与了学习的自我管理，即学生享有自我制订学习目标、学习任务，安排学习时间，探索共同感兴趣的问题，反思自我学习情况的权利。

（三）找到了创新的妙手

创新教育是民族复兴的伟大事业，是素质教育的核心，实施创新教育是当前的紧迫任务。计算机的出现为创新教育带来了生机，找到了创新的一只妙手：（1）网络环境下的学生学习，学生兼负双重身份，既是主体也是主导，促使学生在数学活动中主动、积极参与，和教师平等合作，奠定了创新的基础；（2）创设了创新的情境：以计算机系统数字化、图片等直观地展示出来，给学生提供具体、生动的形象，以此调动学生的多种感官，特别是屏幕上出现的彩色画面，把学生的审美体验推向高潮。从而，使学生进入主动学习、积极思维、探索知识的认识活动中去，激发他们的创新意识；（3）开展了数学实验，培养了学生的发现能力，这是创新的关键。计算机模拟功能为数学实验提供了大量的机会，从而在解决许多问题时都可以采用"观察—实验—发现"的思维模式，大大锻炼了学生的创新思维。

（四）凸现其育人功能

在网络环境下实施数学教学，要特别注重人的"个性化"和"主动实践"的教学，引导学生进行自主学习、协作学习、交互学习、探究学习。因此，更能凸显它的育人功能。自主学习能培养学生独立性，协作学习、交互学习能培养平等观念、合作品质，探究学习能培养创新追求、探索精神，等等。总之，网络环境下的中学数学教学对人的发展有着常规教学不可比拟的作用。

四、信息技术支持下的"感悟教学"的体会

在反思实验过程的实施及效果时，我们也发现了一些问题，如常规教学的一些方面在网络教学中难以实现。其一，师生动、形象的示范作用，以及组织起来的课堂活跃氛围，在网络环境下实施教学难以实现。其二，常规教学中，教师根据学生现有水平所进行的逐层思维引导，以及教师在课堂教学中善于发现、抓着学生的闪光点，并进行谆谆诱导，在网络环境下进

行数学教学很难达到同样效果。其三,在计算机中书写数学符号较为麻烦,很难像在纸张上书写一样快捷、自如,浪费了时间。因此,在信息技术支持下,构建"感悟教学"新模式,还需要从以下三方面进一步拓展和深化。

(1)在网络环境下实施数学教学,还必须继承常规教学的优势,寻找最佳结合。即有了计算机等多媒体,并不是所有的教学过程都必须在计算机中完成,应该以是否有利于学生的发展为基本前提,灵活应用。

(2)实现了从教知识到教方法的转变:计算机的出现,中学数学教学的重心从教师教知识向学生学方法转移。

(3)充分认识到信息的重要性:在信息时代,信息对人的发展起着至关重要的作用,利用网络教学,大大培养了学生的信息意识和有关素养(包括采集信息、提炼信息、利用信息的能力),有利于人的全面发展。

第四节　提高学生课堂参与度,实现"由感而悟"

2010 年,集美中学被福建省教育厅定为"少教多学,提质减负"省级示范校,课堂教学是"少教多学,提质减负"的主阵地,研究"学生的课堂参与度"是"提质减负"的重要方面。《数学课程标准》指出:"数学教育应该努力激发学生的学习情感,将数学与学生的实践、学习联系起来,学习有活力的、活生生的数学。"中学数学是数学教育的基础,如何把枯燥的数学变得有趣、生动、易于理解,学生乐于探究呢? 充分调动学生的参与意识,引导学生主动探究知识,是很有效的办法。学生在课堂上的参与度高低关系到学生的自我发展。为此,笔者开展了如何提高学生课堂参与度的研究,加强课堂活动,以顺应学生年龄特点,促使其主动探究知识,充分利用学生资源,还给学生一片自由的天地。

一、学生课堂参与的现状

学生在课堂教学中参与程度较低,究其原因,大致有以下几类:(1)没有参与的愿望,这些学生是人在教室心在外,对课堂活动没有兴趣;(2)没有参与的资本,这些学生是基础较差,能力不足,在课堂中活动中不会思考,参与不进来;(3)没有参与的勇气,大部分学生生在郊区,见识面窄,自信心不足;(4)没有参与的习惯,缺乏锻炼,不会与他人交流,缺乏合作精神。

课堂上学生的参与度不仅取决于学生的主体意识和活动能力,更取决于教师采取的教学策略和教学观念。由于大部分教师采用"讲授式"教学,缺少为学生提供主动参与的时间和空间,影响了学生的课堂参与度。通过分析,主要有这几方面的原因:(1)教育观念更新不够,片面追求升学率。在教学中,教师过多的指导代替了学生独立的探索,教师过多的指令代替了学生自己的观点。(2)师生关系不够和谐,教师总是偏爱那些"好"的学生,缺乏公平性。因此造成部分学生不喜欢教师,没有从心底里接受教师,也就不能积极、主动地投入学习。(3)教师制订目标或选择的内容没有关注学生现状,学生学起来困难重重或者过于轻而易举,没有兴趣。(4)没有提供给学生可以参与的时间和空间,学生没有参与的机会;(5)学生参与的方式单一,导致学生的注意力不能长久,很容易走神;(6)课堂评价不完善,不能让学生得到及时的反馈,参与学习与不参与学习没有区别,不能激励学生达到学习的兴奋点。

基于上述现状,究其根源,主要是学生的主体性没有得到较好的体现,学生不是作为一个学习的主人身份经历学习的过程。在课堂教学中提高学生的参与度,使学生主动进行知识建构,不仅对提高课堂效率,更好地促进学生对知识的掌握具有重要意义,而且对激发学生学习热情,养成良好学习习惯和学习品质,促使学生全面发展提供了有力保障。因此展开对这一课题的研究具有重要现实意义及理论价值。

二、提高学生课堂参与度的研究与实践

(一)研究的目的和意义

1.让学生参与课堂教学活动是学生全面发展的客观需要

许多学生未参与课堂已是不争的事实,而且情况比较严重,这部分学生被边缘化,长此以往,对学习环境产生漠视态度,习惯一旦形成,问题就会接踵而至,学生的学习习惯不断恶化,思维能力下降,个性得不到张扬,这些都将严重限制学生的发展。

2.让学生参与课堂教学活动是素质教育的重要体现

素质教育要面向全体学生,面向学生的每一个方面,让学生生动活泼、主动地发展。这告诉我们,课堂教学中的素质教育主要体现在落实学生的主体性。课堂上学生能否参与教学活动是学生能否成为活动主体的明显标志。也就是说,只有学生在情感、认知、行为等方面自主参与了教学活动,学生的学习主体性才能充分体现出来;只有学生的主体性充分地得到体现,课堂中的素质教育才能真正落到实处。

3.让学生参与课堂教学活动是提高课堂教学效率的有效途径

数学本身较为抽象、枯燥,如果学生离开了参与,离开了学生的实践活动,要想很好地建立表象认识是有一定难度的。而且有的孩子由于家庭教育的欠缺,课余时间几乎没有学习的机会,获得的知识基本都是从课堂上得到的。在这样的环境下,如果没有了学生在课堂上的积极有效参与,也就谈不上有什么积极有效的教学效果了。

4.让学生参与课堂学习活动是"提质减负"的重要手段

一直以来都说要为学生减负,其实大家对减负的理解有点片面,都认为减负就是少布置点作业,而实际上减负关键要看学生的学习状态,相应减少学生学习的心理压力和精神压抑。心理学研究表明,根据学习者的学习状态,学习可分为"被动学习"与"主动学习"两类。在被动学习的状态下,学习者往往缺乏学习的兴趣、效率和效果,他们只有学习的压力而没有学习的动力,只有学习的苦恼而没有学习的快乐。他们不仅有认知方面的重负,更有精神方面的压力,不仅有体力透支,更有心力交瘁。而学生在主动学习状态下所产生的学习效率则截然不同。面对同样的"学习量",主动学习者的学习时间短,学习质量高,精神面貌也好。培养并提高学生课堂的参与意识,变消极、被动的学习为积极主动的学习,变苦学为乐学,让学生真正成为学习的主人。

(二)研究的目标和内容

1.研究目标

通过提高课堂学生参与度的研究,提高课堂教学效率,促进全体学生全面健康发展。

(1)探索提高学生课堂参与度的教学策略,不断提高课堂教学效率,为"由感而悟"品数学提供依据。

(2)优化师生关系,优化教学模式,优化教学方法,优化教学手段,提高教师教学水平。

（3）培养学生主体参与的精神和提高学生参与的能力,发扬敢想、敢说、敢做、不屈权威的精神,培养学生愿学、乐学、会学。塑造学生健康的人格,弘扬人的主体精神。

（4）改善学生的心理品质,鼓励学生自尊、自信、自主、自强,使学生在自主学习中获得成功,在今后的人生道路上实现自我价值。

2.研究的内容

（1）研究学生乐于参与的课堂学习方式。乐于参与,是指学生积极主动地参与到教育教学活动的行为。笔者准备从学生参与的兴趣和学生参与的能力两个方面制订目标体系和评价体系。

（2）研究教师创造性地使用教材与学生课堂参与度的关系。

（3）研究学生小组合作学习与学生课堂参与度的关系。

（4）研究学生课堂参与度与"由感而悟"品数学教改实验之间的关系。

（5）研究学生课堂参与度对学生成绩、能力的影响。

（三）课堂参与度简述

1.关于课堂参与度的概念

课堂参与度:指学生参与课堂教学,包括语言投入、行为投入、情感投入和认知投入四个方面。因而笔者把学生在课堂学习过程中的心理活动展示方式和行为语言表现程度定义为学生在数学活动过程中的参与度。提高学生课堂上的参与度,是指让学生既能积极投入课堂活动中去,又能让所有学生各方面能力得到不同程度的发展。

2."课堂参与度"的理论依据

心理学家布鲁纳认为:学习是一个主动参与的过程。现代教学理论也认为:教学过程既是学生在教师指导下的认知过程,又是学生能力的发展过程。在教学中,要摈弃传统的灌输式教学方法,把主要精力放在为学生创设学习情境、提供信息、引导学生积极思维上,关键是增强学生的参与意识,提高学生的课堂参与度。

（1）新课标的要求:新课程指出"数学教育要面向全体学生,实现人人学有价值的数学,人人都获得必需的数学,不同的人在数学上得到不同的发展"。

（2）主体教育理论:把学生当成教育的主体,在教育过程中落实学生的主体地位,培养学生的主体性是素质教育的要求,是未来社会发展的要求。

（3）人本教育理念:现代教育强调"以人为本",要为了每一位学生的全面发展,教师必须眼中有人,脑中有人,心中有人。

3.国内外研究综述

有关学生的课堂参与度,国内外已有许多教育者对这一问题进行了探索。

国外方面,从20世纪60年代末期开始,西方的研究者对学生参与的形式、特点、类型及其与学生心理发展的关系进行了广泛的探讨。如杜威非常重视学生在教学中的主动参与。施瓦布认为探究学习是这样一个过程:在儿童对客观事物进行探究的过程中,通过他们积极主动的参与,发展他们的探究意识和探究能力。主体参与思想是苏霍姆林斯基思想理论体系中的重要组成部分,他认为主体参与就是在教育教学中充分发挥学生的主体性,积极引导他们投身教育实践,使其"精神丰富""道德纯洁""体魄完美""趣味丰富""成为社会进步的积极参与者"。

国内方面,我国现代教学论确立了学生在教学中的主体地位,认为学生在教学中应具有积极性、主动性,学生是教学环境的主人,创造良好的教学环境的一切工作几乎都离不开学生的参与、支持和合作。于是从参与的角度研究课堂教学也成为当今国内教育研究的热点,其中北师大裴娣娜教授主持的"主体教育与少年儿童主体性发展"实验研究,在国内产生了很大影响。

可以说迄今为止,"教育教学要以学生为主体,以学生发展为本,要引导学生主动参与,主动探究,主动创新,主动发展"这样的现代教育教学思想已基本形成,并为大多数教师所接受,而且必将成为21世纪的教育改革的主旋律。但值得注意的是,国内外知名专家、学者主要是从理论方面进行研究,虽然可以为我们的实践研究指明方向,提供理论依据,但操作性不强。特别是如何把已形成的理论、思想运用到具体的教学实践中的策略研究较少,成果寥寥。

(四)提高学生课堂参与度的研究设计

1.研究的对象

本研究采用同一年级实验班与对比班设计,实验班实施"少教多学"教学实验,对比班实行"传统教学"。尽管很难保证这两个班之间各种情况的完全相同,但是,经过"电脑派位"所形成的两个班级,在班级的平均成绩、学生课堂参与度、学习能力等方面可以看作是基本相同的。以厦门集美中学初一(4)班为实验班(48人,26女,22男),5班为对比班(48人,25女,23

男),同一名教师执教。实验前,对两班的学习成绩(以初一升学成绩为标准)进行比较,对两班的学生课堂参与度进行问卷调查,对两班学生的学习能力进行测试,认为实验班和对比班的被试具有较好的同质性。

2.研究的效能指标

学生在数学活动过程中的参与度是指学生在课堂学习过程中的心理活动展示方式和行为语言表现程度,包括语言投入、行为投入、情感投入和认知投入四个方面。本次研究以学习热情、学习能力、学业成绩三方面作为效能指标展开研究。

(1)学习热情。学习热情是学习兴趣、学习成就感、好奇心所呈现的情感驱向,学习动机的水平主要是通过学习热情和学习行为而外显的。学习动机水平与学习热情成正比关系,同时,学习热情也与学业成绩成正比关系。本实验采用 FAT 量表中的相关部分对学生的学习热情进行测试。

(2)学习能力。我国学者卢仲衡认为:学习能力是以独立性为核心多种较优的心理机能参与的主动掌握知识,获取技能的多层次的综合能力。结构是:主动阅读能力;独立思考能力;自我控制能力;概括能力;创新思维能力。

① 主动阅读能力。教师向学生提供一节即将要学习的新知识,并根据教学大纲和教学目标应达到的要求编印一套测试题,让学生在 30 分钟的时间内阅读教材,完成练习,最后采用百分制。

②独立思考能力。教师让学生在规定的时间内(5 分钟左右),针对阅读过的材料,独立完成一些需"动一动脑筋"才能完成的问题,采用百分制。

③自我控制能力。教师在学生自学过程中,根据学生的一贯表现给分,采用百分制。

④概括能力。教师让学生在 5 分钟左右的时间内,将自己学习这节阅读材料的主要收获概括出来,采用百分制。

⑤创新思维能力。在阅读材料的最后加入 2~3 道创新题,让学生在 5分钟内完成,采用百分制。

⑥学业成绩。它是教学效果的最外显指标,因而也是本实验的主要效能指标之一。本研究以 2016 年 9 月至 2018 年 9 月厦门市集美中学实验班和对比班的数学统考分数为学业成绩的数值依据。

(五)提高学生课堂参与度的研究结果

经过两年来的教学实验,实验班与对比班在诸多方面产生了较明显的差异。实验班学生有更强的主体意识和独立解决问题的能力。学习热情高涨,学习的自觉性和学习兴趣显著提高。学生课堂参与度明显增加,学生的学习能力明显增强,精神面貌朝着积极的方向变化。

1.实验班FAT量表测量中有关学生课堂学习热情的前测、后测指标的比较

通过统计发现,厦门集美中学原初一(4)班学生有关学生课堂参与度的变化的数值指标,有显著的差异,应用SPSS软件分析系统进行数据处理和统计分析,得到相关样本的 t 检验的结果见表2-4-1。

表 2-4-1　厦门集美中学原初一(4)班学生课堂学习热情前测、后测成绩比较

测试类别	N	平均数	标准差	R	t 值	P
前测	48	54.46	4.034	0.103	3.023	0.013
后测	48	59.28	4.125			

表2-4-1中,关于学生课堂学习热情的前测和后测检验的结果表明,在"感悟数学"教学模式下,实验班学生的课堂学习热情发生了显著的积极变化。

2.实验班与对比班数学期末统考成绩的差异比较

表2-4-2给出了厦门集美中学原初一(4)班和5班在实验期间全市统考中成绩的差异。

表 2-4-2　考试情况

班级	初一入学摸底考试			初一期末考试			初二期末考试		
	平均分	及格率	优秀率	平均分	及格率	优秀率	平均分	及格率	优秀率
实验班	71.9	82%	28%	73.4	86%	30%	76.3	84%	30%
对照班	72.1	80.4%	29.6%	71.4	80.4%	27.8%	70.6	75.5%	25.9%

从开始基本平行分班到两年后,对学年考试和各项综合素质考评指标进行比对发现:实验班数学成绩三项指标(平均分、及格率、优秀率)都得到明显提高(详见表2-4-2),更值得一提的是,在数学竞赛、创新大赛、网页制作大赛、数学小论文评比和数学知识竞赛中,实验班更是取得喜人的成绩(详见表2-4-3)。

表 2-4-3　其他综合素质考评情况

班级	初中数学竞赛	创新大赛	网页制作大赛	数学小论文评比	数学知识竞赛
实验班	市一等奖 1 名 市二等奖 1 名 市三等奖 4 名	市二等奖 2 名 市三等奖 3 名	市一等奖 1 名 市二等奖 2 名 市三等奖 5 名	10 人优秀	团体总分年段第一名
对照班	市二等奖 1 名 市三等奖 2 名	无	无	2 人优秀	团体总分年段第五名

　　这也从一个侧面说明了"由感而悟"品数学教改实验对于培养学生的主体意识,提高学生的学习兴趣、学习成绩,培养学生学习能力、探索能力、实践能力具有重要意义。

　　3.实验班与对比班学生学习能力测试结果差异比较

　　利用表 2-4-4 数据进一步研究,经过卡方检验发现:在自主阅读能力上,实验班与对照班有显著差异,x^2 值为 29.909;在独立思考能力上,实验班与对照班有显著差异,x^2 值为 26.435;在自我控制能力上,实验班与对照班有显著差异,x^2 值为 14.959;在概括能力上,实验班与对照班有显著差异,x^2 值为 14.022;在创新思维能力上,实验班与对照班没有显著差异。综上所述,实验班与对比班相比,学生的学习能力差异明显。这表明"少教多学"教学实验对培养学生的学习能力有显著的效果。

表 2-4-4　厦门集美中学初一年实验班与对比班学生学习能力差异

班级	实验班				对照班			
等级 项目	强/%	较强/%	一般/%	差/%	强/%	较强/%	一般/%	差/%
主动阅读能力	30	51	11	8	19	26	42	13
独立思考能力	24	40	24	12	12	19	30	39
自我控制能力	23	31	23	23	14	18	34	34

续表

班级	实验班				对照班			
概括能力	28	34	20	18	14	22	31	33
创新思维能力	25	40	18	17	23	30	26	21

(六)提高学生参与度的研究结果分析

1. 研究结果支持本研究的假设

对实验结果中数据的分析表明,"由感而悟"品数学教改实验结果支持本研究的假设。"由感而悟"品数学教改实验能明显地提高学生课堂参与度,能提高学生的学业成绩和学习能力。

2. 实验班学生课堂参与度的变化及其分析

从表2-4-1可以看出,实验班学生课堂学习热情前测与后测的数值指标有明显差异。这表明,经过两年的实验教学后,实验班学生课堂参与度发生了显著的积极变化。学生课堂参与度的显著变化表明学习动力水平的显著变化。心理学研究表明,中学生有很强烈的"社交需要",即爱与归属的需要。他们希望得到爱并希望能爱他人,他们渴望和自己的同龄人进行积极的交往,并通过交往积极地认识自己。他们从书籍、电影、电视中确立自己的榜样和理想,并以他们为目标,约束自己的行为。他们变得更加不依赖成年人,因为他们产生了强烈的"尊重的需要"。"由感而悟"品数学教改实验正适应了学生在以上这些方面的心理需求特征,在"课堂讨论"教学环节中,每位学生都有与他人交流的机会,并且教师也参与其中。这些师生互动、生生互动活动,不仅满足了他们"社交的需要",而且也满足了"尊重的需要"。尤其在这一教学模式里,教师从讲台走向幕后,学生在整个学习过程中,主动参与、全员参与、全程参与,真正成了学习的主人。

3. 实验班和对照班学业成绩的差异分析

从表2-4-3可以看出,实验班和对比班在学业成绩诸方面都存在明显差异,这表明"由感而悟"品数学教改实验有利于学生学习技能和学习效率的提高。影响心智技能的因素很多,其中重要的有:实践模式的确定与选择、知识、教学等等。"由感而悟"品数学教改实验注重对学生学习技能形成的积极引导。通过教学实验各个活动环节的开展,促进学生思维活动的活跃,引导学生学会提出问题、思考问题、回答问题;有利于学生学习他人考虑问题的方式、学习的方法;有利于良好学习习惯和学习技能的形成。从而使学生根据自身特点改善学习方法,形成有效的学习策略和学习方式,取得良好的学习效果。

4. 实验班与对比班自学能力考查结果差异的分析

"由感而悟"品数学教改实验能培养学生的学习能力和阅读习惯。一般课本"步子"太大,学生看不懂,即使看懂,也很费劲。特别是初一的学生还没有自学的习惯,这样"大步子"的书难以培养学生的学习能力。而"由感而悟"品数学教改实验激发了学生学习的主动性和学习兴趣,培养了学习的能力。教师对学生在"据案自学、尝试解疑、课堂讨论"过程中做出的努力,无论大小,都给予激励评价,对学生寄予很高的期望,学生会在愉悦的气氛中提高自己的学习能力。

三、提高学生课堂参与度,实现"由感而悟"的策略

现代教育观认为:素质教育其实质是对学生实施主动性教育。其根本目的是:促进学生认知因素和非认知因素的发展,形成爱学、能学、会学的现代学力,以适应社会发展的需要。课堂教学为体现素质教育,应"唤起学生的主体意识,注意开发人的智力潜能,发展学生的集体精神,形成学生的精神力量,促进学生生动活泼地成长"。因此,现代教育教学理论相当重视加强学生在教学中的主动参与,教师在教学中应采取相应的对策,充分调动学生的主动性,引导和帮助学生积极参与教学活动,使学生在动脑、动手、动口的过程中,自觉主动地学习,从而提高学生的学习效果,发展学生的学习能力。

(一)策略一:障碍励志,激发参与的动力

学生的学习积极性主要靠学习责任感和学习兴趣两个要素得以保持,两者相辅相成。因此,他们都是激发学生积极参与学习过程的重要手段,而励志能使学生学习的积极性更趋于稳定和自觉。要想激励学生努力奋发向上的志向,离不开障碍的磨炼。因此,教学时教师可根据学生的学习进程,不断地提出一个又一个使把劲能跨越的小障碍,从而激发学生排除万难、勇攀知识高峰的动力,使学生真正投入探知过程,成为学习的主人。

例如,在讲授"因式分解"一章时,在课前,鼓励同学超前预习,并与初一年下学期学过的"整式乘除"作对比学习。同时,提出以下几个问题:(1)因式分解有何作用?因式分解与整式乘除有什么区别和联系?并举例。(2)因式分解有几种方法?各举例说明。(3)概括因式分解的一般步骤,让学生预习并在思考以上问题的前提下开展教学。在课中,让同学参与小组讨论、互相出题练习、订正、纠错。从而把学习主动权交还给学生。摒弃了学生课外学习的跟随性和复制性,大大调动起学生内在的积极因素,促使学生主动地参与学习过程,成为学习舞台上的主角。

(二)策略二:目标引探,明确参与的方向

教育心理学指出,当学生明确他们学习的任务和学习的目标时。他们的注意力就会稳定下来,就会围绕目标展开思考。教学时,教师应及时出示教学目标,及时指明学生即将要参与学习的方向,让学生感悟到,学会这些知识就能顺利解决自己渴望解决的问题。从而使学生在目标、需要的驱动下自觉地投入到新知的探求过程。教学中,教师可以结合教材的特点及生活实际,有意识地创设近景或远景目标,并逐步引导学生主动探知。

"由感而悟"品数学教改实验侧重于指导学生掌握思维方法,提高学生"会学"素质,从激活学生的学习潜能入手,尝试促进学生自主发展的方法和途径。从满堂灌的课堂教学转型为教会学生"怎样学习",即让学生掌握学习的"工具",具体做法是:(1)指导阅读,做好自学笔记,提高学生抽象与概括的思维能力;(2)引导观察、发现问题,培养学生分析综合的思维能力;(3)诱导思维,启发思考,培养学生归纳与演绎的思维能力;(4)鼓励质疑,培养学生比较对照的思维能力。

如,在学习"分式方程应用题"时,例题:农机厂职工到距工厂 15 千米的生产队抢修农机,部分人骑自行车先走,40 分钟后。其余的人乘汽车出发,结果他们同时到达,已知汽车的速度是自行车的 3 倍,求两种车的速度。

教师可从以下三个层次进行指导。

1. 指导阅读,归纳问题

(1)题中已知什么?未知什么?求什么?

(2)题中有哪些数量关系?

表 2-4-5　速度、路程与时间的关系

交通工具	速度(千米/小时)	路程(千米)	时间(小时)
自行车	x	15	$\dfrac{15}{x}$
汽车	$3x$	15	$\dfrac{15}{3x}$

2. 诱导思维,找出数量关系

$$汽车所用时间＝自行车所用时间－\frac{2}{3}小时$$

3. 鼓励质疑,归纳总结

(1)列分式方程的一般步骤是什么?

(2)列分式方程的关键是什么?

(3)解分式方程应用题与解一元一次、二元一次方程应用题有何区别和联系?

（三）策略三:对学生各种活动,特别是主动探索的表现给予积极的评价

开展"由感而悟"品数学教改实验发现:课堂教学应尽量给每位学生以更多独立思考、发表意见和交流的机会,一个学生的交流机会越多,自信心越强,喜欢谈看法,愿意参与讨论,并自觉地钻研。因此,在平时教学应该多鼓励学生探究,让每位学生在学习中都能尝到成功的喜悦,这对于激起他们的探索兴趣,使学生更主动参与课堂具有深远的意义。

实践证明,只要教师在备课和上课时都能处处站在学生的角度来钻研大纲、教材、教参,创设情境,鼓励质疑,并尽量给学生以更多的展示机会及动手、动脑、动口的机会,相信全体学生都能自始至终主动、积极地参与到课堂教学的全过程之中,充分发挥课堂教学在实施素质教育中的主渠道作用,让我们的学生真正在民主、和谐、友善、合作的气氛中学习文化知识,健康成长,全面发展。

第三章

"由感而悟"品数学的教学途径

第一节　依托数学实验,改善学习方式

在数学教学中嵌入数学实验,可改善数学学习中"他主、单一、被动接受"的特征,促进学生主动探究,形成"自主、多元、主动探究"的数学学习方式,促进创新素养的形成。下面从教学设计、课堂教学及效果评析三方面探讨"依托数学实验,改善学习方式"的方法和途径。

一、问题提出

通过调研发现,目前初中生数学学习中存在的主要问题是:其一,学生学习数学的动力不足,缺乏学数学的主动性。来自书本的学习资源较单调、枯燥,难以激发学生的学习兴趣,使学生主动参与学习。其二,数学学习,只限于表面,缺乏主动钻研,开拓思维。其三,在数学学习过程中对问题的解决只会生搬硬套,只会模仿,不会学习;不能够在研究解题方法中开拓思维、增强解决问题的能力。

基于以上背景,课题组提出了"依托数学实验,改善学习方式"的研究与实践思路,重点研究以下内容:如何依托数学实验?改善学习方式,促进主动探究,让学生"爱学、会学、能用",促进教学创新素养的形成。

二、教学设计与教学片段

转变学生的学习方式,必须通过转变教师的教学方式来实现。如何让"讲台上的学习"变为"课桌上的学习"?其核心载体是什么?笔者认为,学习的关键在思考,而推动思考的是一些具体的任务。数学实验就是承载探索数学知识、获得数学经验的重要载体。

(一)教学设计从"教师课堂语言的准备"到"课堂学习任务的设计"

教师备课的关键不是教师课堂语言的准备,而是学生课堂学习任务的设计。教师的课堂语言只是指导学生完成课堂任务的"穿针引线"与反馈指导。这种从"言语中心的课堂"向"任务中心的课堂"的转变,其实就是从"关注教"向"关注学"的迁移,是实现学生学习方式转变的关键。

"等腰三角形的性质"教学设计

1. 确定本节课的学习目标

(1)探索并证明等腰三角形的两个性质。

(2)利用等腰三角形的性质证明两个角相等或者两条线段相等。

(3)结合等腰三角形性质的探索与证明过程,体会轴对称在研究几何问题中的作用。

2. 设计本节课的学习任务

(1)学生自制学具,借助数学实验发现等腰三角形的两个性质;正确理解两个性质的含义(能区分命题的条件和结论,能用数学语言准确表达性质的含义,特别是"重合"和"三线合一"的含义,会将性质"三线合一"分解为三个命题);能利用三角形全等证明两个性质。

(2)利用实验探究让学生在等腰三角形的情境中利用两个性质证明两个角相等或者两条线段相等。

(3)设置探知求证让学生知道等腰三角形是轴对称图形,底边上的中线(顶角平分线、底边上的高)所在直线就是它的对称轴;借助轴对称发现等腰三角形的性质,并获得添加辅助线证明性质的方法。

3. 设计学生的学习路径

创设情境—实验探究—感知现象—领悟本质—探知求证—感悟收获。

4. 实验设计

(1)实验目的

经历自制学具,探究等腰三角形的性质。

(2)实验准备

硬纸、剪刀等。

(3)实验的内容与步骤

①实验 1 操作与思考

a.自制学具:你能用手中的纸片做一个等腰三角形吗? 说一说你是怎样做的。

b.实验猜想:请同学们利用你手中的学具,画一画,剪一剪,折一折,量一量,你能发现关于等腰三角形的什么结论? 比一比,谁发现的结论多?

c.交流实验:同学们发现了很多关于等腰三角形的结论,哪位同学能把这些结论分分类,并把你的最后结论写在黑板上?

②实验 2 操作与说理

a.探索并证明等腰三角形的性质

问题 1:仔细观察自己剪出的等腰三角形纸片,你能发现等腰三角形有什么特征吗?

设计意图:让学生首先从一个等腰三角形开始研究,自己观察,发现其特殊性。

问题 2:利用实验操作的方法发现并概括出等腰三角形的有关性质,你能通过严格的逻辑推理证明这个结论吗?

设计意图:让学生逐步实现由实验几何到论证几何的过渡。

问题 3:如图 3-1-1,在 $\triangle ABC$ 中,$AB=AC$,D 是 BC 边上的中点,$DF \perp AC$ 于 F,$DE \perp AB$ 于 E. 求证:$DE=DF$。

追问:你能用几种方法证明解决问题 3?

设计意图:让学生运用不同方法解决问题 3,体会等腰三角形性质的作用,提高思维的深刻性和广阔性。

b.巩固和深化等腰三角形的性质

(a)已知等腰三形的一个顶角为 $36°$,则它的两个底角为 _____ ;

(b)已知等腰三角形的一个角为 40。则其他两个角分别为 _____ 或 _____ ,_____ ;

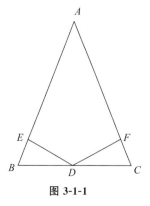

图 3-1-1

(c)已知等腰三角形的一个外角为 70°,则这个三角形的三个内角分别为_____、_____、_____。

(d)如图 3-1-2,在△ABC 中,AB＝AC ,点 D 在 AC 边上,且 BD＝BC＝AD ,求△ABC 各角的大小。

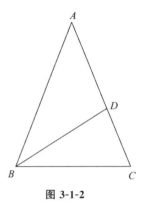

图 3-1-2

(e)已知等腰三角形两个外角之比为 1∶4,你能得出它顶角的度数吗?

设计意图:练习(a)(b)(c)是有梯度的角度计算题,可以进一步巩固等腰三角形的性质 1,同时引导学生将知识系统化。练习(d)(e)是通过逻辑推理和方程思想求出等腰三角形的角的度数,让学生进一步巩固等腰三角形的性质。

(二)课堂教学从"听中学"到"做中学"

笔者认为,教师在课堂上最重要的任务不是上课让学生听,而是"组织学生开展学习"。教学片段如下:

片段 1:操作与思考

师:利用长方形纸片和剪刀,你能剪出一个等腰三角形吗? 你能说明所剪出的图形为什么是等腰三角形吗?

师生活动:学生动手操作,剪出等腰三角形,然后小组交流。

生:方案 1,如图 3-1-3 所示,拿出一张长方形的纸按图中虚线对折,并剪去阴影部分,再把它打开,得到的三角形 ABC 就是等腰三角形。

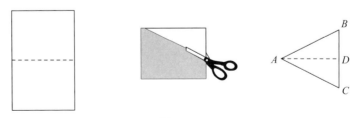

图 3-1-3

方案 2,在纸上画一个三角形 ABC,使得 AB＝AC,然后把它剪下来。

片段 2：操作与说理

师：把剪出的等腰三角形 ABC 沿折痕对折，找出其中重合的线段和角。由这些重合的线段和角，你能发现等腰三角形的性质吗？说说你的猜想。

师生活动：学生动手操作，相互比较，互动交流。

追问 1：每位同学剪下的等腰三角形大小不同、形状各异，是否具有上面的共同特性？

追问 2：如果在练习本上任意画一个等腰三角形，把它剪下来，折一折，上面的结论仍然成立吗？

生：我发现了两条性质。性质 1：等腰三角形的两个底角相等；性质 2：等腰三角形的顶角平分线、底边上的中线、底边上的高互相重合。

师：你太棒了！

追问 1：性质 1 的条件和结论分别是什么？怎样用数学符号表达条件和结论？如何证明？有何作用？

追问 2：如何理解性质 2？"三线合一"的含义是什么？如何证明？有何作用？

生："三线合一"可分解为如下三个结论：(1)等腰三角形的顶角的平分线既是底边上的中线，又是底边上的高；(2)等腰三角形的底边上的中线既是底边上的高，又是顶角平分线；(3)等腰三角形的底边上的高，既是底边上的中线，又是顶角平分线。

师：棒极了！

片段 3：总结与感悟

师：(1)本节课学习了哪些内容？(2)你是怎样探究等腰三角形的性质的？(3)"三线合一"的含义是什么？举例说明。(4)本节课你学到了哪些证明线段相等或角相等的方法？(5)通过本节课的探索研究，你收获了什么？有何感悟？

师生活动：学生思考，并回答，教师点评。

三、案例评析

"依托数学实验，改善学习方式"的实践研究，就是在教学中组织指导学生借助有关工具进行动手操作，指导学生开展质疑、想象、操作、探究、验证等实践活动，使学生在观察、思考、分析、归纳等活动中体验数学知识的发生、发展及形成过程,从而激发学生思维的元认知,提升学生数学的核心素养。

(一)数学实验变"看演示"为"动手操作",激发了学生兴趣,让学生"爱学"

爱因斯坦说过:"兴趣是最好的老师。"初中生的好奇心理是由他们的年龄特点决定的。直观性教育是吸引学生注意力,然后产生联想、概括和抽象的最好方法。数学实验创设了良好的教学环境:其一,创设了宽松和谐的教学氛围,使学生有信心参与教学活动。其二,创设了有挑战性的数学问题情境,运用实物或信息技术手段进行数学实验教学活动,充分引起了学生态度和个性情绪的良好变化,使其学习达到最佳状态。从而让学生体验成功的喜悦,产生强烈的求知欲和学习兴趣。

(二)数学实验变"机械接受"为"主动探索",使学生经历了学习全过程,让学生"会学"

在数学实验教学中,教师设置实验题目,组织学生开展实验,对实验结果进行归纳验证,通过实验操作、观察、猜想、分析、探索,从而亲身体验数学、理解数学,由接受性学习变为探究性学习,培养了学生的发现能力和优良的学习品质。

(三)数学实验变"听数学"为"做数学",培养了创新思维,让学生"能用"

数学实验让学生目睹了数学知识的形成过程,亲身体验"做数学"、实现了数学的"再创造"。它强调让学生学会从现实生活中发现问题,寻找规律、法则,真正实现了"感知现象,领悟本质"的学习,让学生积极主动地参与到数学实验活动中去,不但培养了学生的创新思维,也让学生体会到了学以致用。

总之,"依托数学实验,改善学习方式"的研究与实践是新课程改革下的一种有益尝试,对于培养学生的学习兴趣,提高自主学习能力、探索能力、创新能力等方面有许多优势,值得我们今后进一步的探讨、研究和改进。

第二节 创设问题情境,品味数学魅力

如何创设问题情境,品味数学魅力?下面以"三角形的中位线"为例,从同课异构的角度谈谈个人体会。

"同课异构"是指不同的教师面对相同的教材,结合所教学生的教学实际,根据自己的生活经历、知识背景、情感体验建构出不同意义的教学设计,呈现出不同教学风格的课堂,赋予静态教材以生命活力的一种教学形式。同课异构能让我们在比较中反思,在反思中理解教材、领悟教学。本节以"三角形的中位线"为例,通过创设问题情境,品味数学魅力,进行同课异构的教学研讨,为今后上好这一课提供教学参考,并对同课异构教研活动具有一定的启发作用。

一、关注情境创设的意义

镜头一:导入

教师甲:如图 3-2-1,如何测量一个池塘的宽 AB?

学生答:(1)利用勾股定理;(2)利用全等三角形。

教师甲:随手画出,肯定他们的做法,并提出其中一位同学的做法:在池塘一侧的平地上选一点 C,再分别找出线段 AC、BC 的中点 M、N,若测出 MN 的长,就可以求出池塘的宽 AB。你知道这是为什么吗?

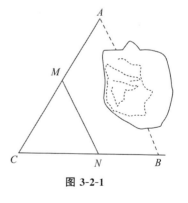

图 3-2-1

课堂表现:学生想法多,教师能灵活机动地根据学生的课堂生成进行归纳总结,并提出问题,引发思考。

品课：教师经验丰富，能及时根据课堂的变化，灵活归纳知识，真正体现了预设和生成的关系。

教师乙：进行"数格子"游戏，引入新课。

如图 3-2-2，点 D、E 处在什么位置？线段 DE 和 BC 有何关系？

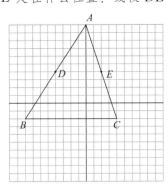

图 3-2-2

课堂表现：学生兴趣浓，教师根据学生的回答切入主题。

品课：教师思维活跃，具有活力，从自己感兴趣的东西入手，引发共鸣。

二、关注学生参与课堂的程度

镜头二：关于中位线概念的形成

教师甲：引导学生概括出三角形中位线的概念。

问题：(1)什么是三角形中位线？

(2)如何画出三角形中位线？

(3)三角形有几条中位线？

(4)三角形的中位线与中线有什么区别？

课堂表现：学生动脑思考，并动手填写"导学案"，课堂上呈现师生、生生交流的场景。

品课：以"生"为本，了解学生，读懂学生；教师抓住知识要点，使知识点清晰，一目了然，在实践中让学生快速掌握知识。

教师乙:【教师精讲】D、E 是 AB、AC 的中点,连接 DE 的线段是三角形的中位线,类似的线段可以画出三条。

课堂表现:教师讲解清晰、精炼,并在黑板上板演、示范。大部分学生安静听课,并作出反应,但有个别学生无精打采,未能专注听讲及积极思考。

品课:讲解精炼到位,示范规范,学生易接受,但个别学生对听"大课"没感觉,无法充分调动全班学生的积极性和主动性,学生参与程度较低。

三、关注教师的指导作用

镜头三:关于中位线的证明

教师甲:引导学生探究三角形中位线的性质。

操作:(1)沿 $\triangle ABC$ 的中位线 DE 剪一刀,可得到两个什么图形?

(2)要把所剪得的两个图形拼成一个平行四边形,可将其中的三角形做怎样的图形变换?

(3)从上面的操作中,你发现了关于 $\triangle ABC$ 中位线 DE 的什么结论?

猜想:如图 3-2-3,DE 是 $\triangle ABC$ 的中位线,试猜想 DE 与 BC 的关系。(位置关系与数量关系)

证明:能用几种方法证明你的猜想?和同学交流。

归纳:三角形的中位线定理。

文字语言:三角形的中位线平行于底边,并等于底边的一半。

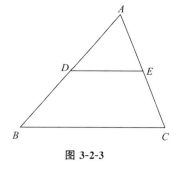

图 3-2-3

符号语言:若 D、E 分别为 AB、AC 的中点,则 $DE /\!/ BC$,$DE = \dfrac{1}{2} BC$。

课堂表现:课堂活跃,气氛好,学生动脑又动手。

品课:在教师指导下进行动手操作,目的性强,不是为剪纸而剪纸,而是让学生通过感性认识积累经验,从而引导学生进行理性思考,即通过操作,你得到了什么(三角形中位线的性质及证明方法)?通过书写证明过程发现问题并及时纠错。

教师乙:从特殊到一般,发现三角形中位线的性质。(1)从等边三角形入手:找 DE 与 BC 的关系。(2)从直角三角形入手:找 DE 与 BC 的关系。(3)猜想:一般三角形 DE 与 BC 有何关系?引导学生进行证明(提供思路:截长补短,要求多种方法)。

三角形中位线定理的几种证明方法:

方法1:如图3-2-3,延长中位线 DE 至 F,使 $DE=EF$,连结 CF,则 $\triangle ADE\cong CFE$。由四边形 $BCFD$ 是平行四边形得到三角形中位线定理。

方法2:如图3-2-3,过 C 作 $CF\parallel AB$,交 DE 的延长线于 F,则 $\triangle ADE\cong CFE$。由四边形 $BCFD$ 是平行四边形得到三角形中位线定理。

方法3:如图3-2-3,过点 E 作 $MN\parallel AB$,过点 A 作 $AM\parallel BC$,则四边形 $ABNM$ 为平行四边形,从而点 E 是 MN 的中点,易证四边形 $ADEM$ 和 $BDEN$ 都为平行四边形,所以 $DE=AM=NC=BN$,$DE\parallel BC$。

方法4:如图3-2-3,延长 DE 至 F,使 $DE=CF$,连接 CF、DC、AF,则四边形 $ADCF$ 为平行四边形。由四边形 $BCFD$ 是平行四边形得到三角形中位线定理。

课堂表现:课堂安静、有序,大部分学生能顺着教师的思路思考。

品课:在课堂教学中注重贯穿数学思想(从特殊到一般),注重教师的示范作用及学生的学习规范,但忽略了知识的探究过程。

四、关注课堂教学的有效性

镜头四:关于三角形中位线的应用

教师甲:快速检测。

(1)如图3-2-4所示,E 是平行四边形 $ABCD$ 的 AB 边上的中点,且 $AD=10$ cm,那么 $OE=$ _____ 。

(2)如图3-2-5所示,如果 $AE=\dfrac{1}{4}AB$,$AD=\dfrac{1}{4}AC$,$DE=2$ cm,那么 $BC=$ _____ 。

(3)如图3-2-6所示,在 $\triangle ABC$ 中,E、F、G、H 分别为 AC、CD、BD、AB 的中点,若 $AD=3$,$BC=8$,则四边形 $EFGH$ 的周长是 _____ 。

课堂表现:在评分机制的激励下,学生兴趣浓,乐意动手,大部分同学得满分。

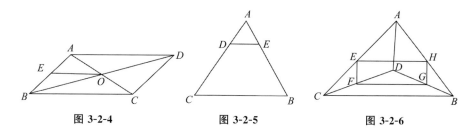

图 3-2-4 图 3-2-5 图 3-2-6

品课:抓住学生的心理特点,在竞争和激励中快速消化和掌握知识,课堂教学效果好,但对知识的延伸稍有欠缺。

教师乙:求证顺次连结四边形各边中点所得的四边形是平行四边形。

练习:如图 3-2-7,已知:E 为平行四边形 $ABCD$ 中 DC 边的延长线上一点,且 $CE=DC$,连结 AE,分别交 BC、BD 于点 F、G,连接 AC 交 BD 于 O,连结 OF。求证:$AB = 2OF$。

课堂表现:在讲解例题时,大部分学生能认真听老师的分析与讲解。在练习过程中发现:一部分学生无从下手;一部分学生虽有思路但表达不够规范;一部分学生完全放弃,不想动手。

品课:能对知识进行引深和拓展,达到应用的目的。但从学生的练习情况发现,课堂教学效果不够理想。

五、关注课堂反思的效果

镜头五:小结

教师甲:学生总结与反思

(1)本节课学习了什么?

(2)有何收获?

(3)有何疑问?

课堂表现:课堂活跃,学生纷纷发言。

品课:师生在讨论中归纳知识,在提问中解决问题。

教师乙:教师总结。

（1）三角形中位线的定义。

（2）三角形中位线定理。

（3）三角形中位线定理的作用：不仅给出了中位线与第三边的位置关系，而且给出了它们的数量关系，为今后解决两条线段的位置和数量关系提供了理论基础。

（4）本节课的数学方法：

①线段的倍分关系要转化为相等问题来解决；

②三角形中位线定理的发现过程所用到的数学方法有画图、实验、猜想、分析、归纳等。

课堂表现：课堂有序，学生记录。

品课：教师归纳到位、全面。但学生从中吸收了多少仍有待检验。

六、关注课后作业的有效性

镜头六：作业

教师甲：利用"作业套餐"的形式设置三类题目：A类是基础题，B类为提高题，C类是发展题。学生可自主选择"套餐"类型，也可以各种类型自由搭配，做到因人而异，各取所需。

品课：这样的作业既照顾了学生的个体差异，又有利于不同类型学生的发展，尤其是学困生和学优生，既能让学困生跳一跳就摘到"桃子"，又能让学优生免受"饥饿"之苦。既提高了作业效率，又促进了学生的知识、思维与能力的发展。

教师乙：作业（书本习题）。

品课：对知识起着一定的巩固作用，但未关注全体学生。

与一般的课相比，同课异构讲的是同一教学内容，所以更有可比性。在教学反思的过程中大家有共同的话题，对问题的探讨也更加深入。通过同课异构活动，可以具体探讨某一类教材的教学方法，相互学习不同的教学理念和教学风格，是一次相互学习、相互借鉴、共同提高的好机会。此类教研活动对于提高教师专业能力具有很好的作用,值得推广。

第三节　感受生活现象,领悟数学本质
——数学实验创课的实践研究

数学实验着力于学生的学,强调"做中学"。本节以"角的平分线的性质"教学为例,尝试开展数学实验创课设计与教学,引导学生在"做数学"的过程中发现问题、提出问题、解决问题,期待为数学关键能力在教学层面落地找到途径和方法。

学习数学最好的办法是"做数学",那么"做数学"的含义是什么?对大多数人而言,做数学就是演练教科书上一个又一个的习题。但对热爱数学的人而言,做数学则是探索数学现象,研究数学规律,解决数学问题的过程。数学实验创课强调"做数学",就是将抽象的数学转化为直观的实践,让学生感受现象、领悟本质,发现事物的共性或规律,感悟知识的形成过程。

一、数学实验创课的内涵

什么叫"创课"?有研究指出,创课是一项包括创想法、创教材、创设计、创教学、创反思的"综合创新工程"。那如何进行数学实验创课?笔者认为,基于数学实验的创课是针对数学特定的学习内容,运用数学教育技术,借助实验工具(如纸片、剪刀、计算器、计算机软件等)创设数学实验,引导学生经历观察、猜想、推理、论证等数学基本活动,以探索、理解、验证数学知识、解决数学问题为主要目的的数学课程。

数学实验创课以教材为依据,紧密结合学生的学习需要,鼓励学生以类似科学实验的方式亲历知识的发生发展过程。通过还原数学知识的形成过程,借助教材中的问题情境,设计实验教学过程,提出动手操作的要求,在实验的基础上再进行严谨的数学推理论证。基本步骤如下:(1)给出问题实例,提出问题;(2)完成数学实验,发现规律;(3)描述实验结果,给出猜想;(4)根据实验现象,进行推理和论证。下面,以"角的平分线的性质"教学为例谈谈数学实验创课。

二、数学实验创课教学案例

"角的平分线的性质"是义务教育教材人教版八年级上的内容,是全等三角形知识的运用和延续,重点探索角平分线的作法及角平分线的性质,为今后证明两条线段相等提供思路和方法。通过本课的学习,可培养学生数学建模、数学抽象和逻辑推理的核心素养,提升学生发现问题、提出问题、解决问题的能力。

(一)引导学生"做",在"做"中感受现象、发现问题

探究 1:在纸上画一个角,如何得到它的角平分线? 你有什么办法?

师生活动:可以用量角器量,也可以用折纸的方法得到。

追问:如果前面活动中的纸换成木板、钢板等不方便度量、没法折的角,又该怎么办?

创课设计 1:感受现象

师:同学们见过角平分仪吗? 生活中,工人师傅常常利用这种简易的角平分仪来平分角。

追问:如图 3-3-1 所示,就是角平分仪,你能说说为什么角平分仪能平分角吗? 如何利用它平分一个角? 角平分仪平分角的原理是什么? 如何用数学方法进行证明? 你们在生活中见过角平分仪吗?

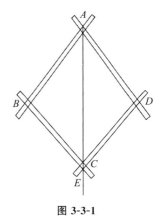

图 3-3-1

设计意图:在探索角平分仪工作原理的过程中,让学生体会其依据的是三角形全等的判定方法,为下面用尺规作角的平分线作铺垫。

创课设计 2:发现问题

师:如果没有平分角的仪器,如何找到角的平分线呢? 我们用数学的作图工具,能不能实现仪器的功能呢? 请大家试着做一做,找到用尺规作出角的平分线的方法,并说明作图方法与角平分仪的关系。

追问:(1)本题中已知什么? 求作什么?

（2）角平分仪的两组边相等，即 $AB=AD$，$BC=DC$。怎样在作图中体现这个过程？

（3）根据角平分仪的制作原理，对作 $\angle AOB$ 的平分线有何启发？

（4）你能说明为什么 OC 是 $\angle AOB$ 的平分线吗？

通过小组交流，请学生归纳角平分线的作法，然后动画演示作图过程，并强调尺规作图的规范性。

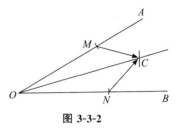

图 3-3-2

数学表达：

已知：$\angle AOB$，求作：$\angle AOB$ 的平分线。

作法：（1）以 O 为圆心，任意长为半径作弧，分别交 OA、OB 于 M、N。

（2）分别以 M、N 为圆心，大于 $1/2MN$ 的长为半径作弧。两弧在 $\angle AOB$ 内部交于点 C。

（3）作射线 OC，射线 OC 即为所求，见图 3-3-2。

设计意图：通过角平分线的作法与角平分仪工作原理的比较，体会数学的应用价值。

（二）引导学生"悟"，在"悟"中揭示本质、解决问题

师生活动：如图 3-3-3，探究 2：利用尺规作一个角的平分线，那么角的平分线有什么性质？作出 $\angle AOB$ 的平分线 OC，在 OC 上任取 P，过 P 作 OA、OB 的垂线，分别记垂足为 D、E，测量 PD、PE 的长度，并进行比较，你得出什么结论？

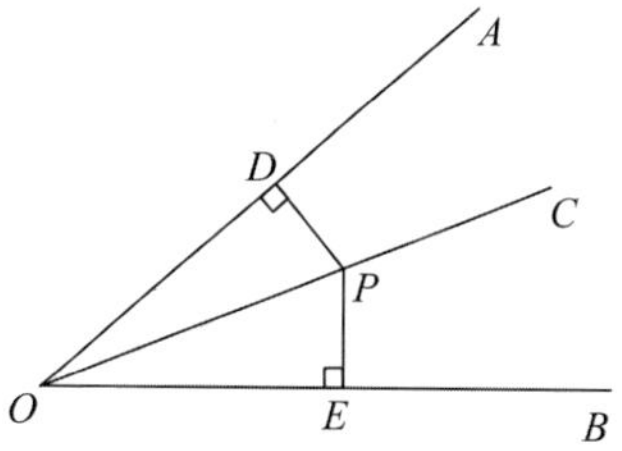

图 3-3-3

创课设计 3：揭示本质

师：如图 3-3-4，在角平分仪 C 点的位置系上了一根绳子，绳子的两端分别系在 AB、AD 上。要使绳子用料最省，你认为应该将绳子的两端分别系在 AB、AD 的什么位置？借助动画进行演示，看看同学们得到的猜想是否成立。

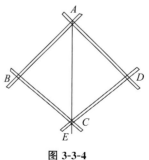

图 3-3-4

设计意图:以问题为导引,让学生主动参与、亲身体验、自我领悟,从而产生对知识的深刻理解、对技能的深刻感受、对思想方法的切实领会,最终完成对教学目标的顿悟与理解。

追问:(1)让学生先观察所系的两根绳子的长度有什么关系。

(2)由此,你能得出什么结论?

(3)如果改变点 C 的位置,这个结论还成立吗? 同样,如果改变∠BAD 的大小呢?

设计意图:在追问1、追问2、追问3的探究过程中,让学生体会到角平分线上的任意一点到角的两边距离都相等。

猜想:角的平分线上的点到角的两边的距离相等。

追问(4):这个猜想如何证明? 对于这种几何文字命题,证明步骤是什么?

数学表达:①明确命题中的已知和求证;

②根据题意,画出图形,并用数学符号表示已知和求证。

已知:如图 3-3-3,$\angle AOC = \angle BOC$,点 P 在 OC 上,$PD \perp OA$ 于点 D,$PE \perp OB$ 于点 E。求证:$PD = PE$。

③经过分析,找出由已知推出求证的途径,写出证明过程。

证明:因为 $PD \perp OA$,$PE \perp OB$(已知),所以 $\angle PDO = \angle PEO = 90°$(垂直的定义)。

在△PDO 和△PEO 中,因为 $\angle PDO = \angle PEO$(已证),$\angle AOC = \angle BOC$(已知),$OP = OP$(公共边),所以△PDO ≌△PEO(AAS)。

所以 $PD = PE$(全等三角形的对应边相等)。

追问(5):你能把角平分线的性质用符号语言来表述吗?

符号语言:因为点 P 在∠AOB 的平分线上,$PD \perp OA$,$PE \perp OB$(已知),所以 $PD = PE$(角平分线上的点到角两边的距离相等)。

探究3:角平分线的性质有何作用? 如何判断和证明两条线段相等?

创课设计 4：解决问题

师：如图 3-3-5，在 $\triangle ABC$ 中，$\angle C = 90°$，$AC = BC$，DA 平分 $\angle CAB$ 交 BC 于 D，问能否在 AB 上确定一点 E，使 $\triangle BDE$ 的周长等于 AB 的长？若能，请作出点 E，并给出证明；若不能，请说明理由。

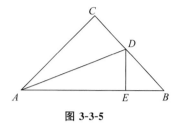

图 3-3-5

设计意图：学生在以上问题的探究过程中，充分体会角平分线性质的作用，经历"实践—猜想—证明—归纳"的过程，体会研究几何问题的基本思路，学会文字语言与符号语言的互化和几何问题的推理论证方法。

解决思路：由于点 D 在 $\angle CAB$ 的平分线上，若过点 D 作 $DE \perp AB$ 于 E，则 $DE = DC$。于是有 $BD + DE = BD + DC = BC = AC$，只要知道 AC 与 AE 的关系即可得出结论。

三、几点思考

分析以上课例，体会实验创课设计是根据教材的教学内容，构建由学生发现问题、提出问题、解决问题的教学环境，让学生自己动手实验操作，探索发现各种结论。在这一过程中把三角形全等作为知识的生长点，使学生从原有的知识中自然"生长"出新的知识——角平分线的性质。这一知识的"生长"过程是一种主动的探索过程，不仅使新知识找到了牢固的附着点，而且使学生的数学认知结构在这一探索过程中得到发展，为数学关键能力在教学层面落地找到了途径和方法。

（一）数学实验创课以实践为依托，从现象到本质

课例中"探究角的平分线的性质"，就是通过数学实验创课让学生亲身经历实验过程，引导学生展开联想、合理猜想，在实验中发现问题、提出问题。

1. 展开联想

通过设计"角平分仪系绳子"实验，引导学生观察实验现象，在观察中产生"由此思彼"的联想。联想到把绳子的两端分别系在角平分仪边上的什么位置时绳子的用料最省。而这些问题又不是凭空产生的，而是包含在知识形成过程的现象中。

2. 合理猜想

科学上许多的发现都是凭直觉作出猜想的,而后才去加以证明和验证。在数学研究上"先猜测后证明"是一种规律。"角平分仪系绳子"实验在展开联想的过程中,通过合理猜想发现"角的平分线上的点到角的两边的距离相等"这一数学结论。

(二)数学实验创课以问题为基点,从猜想到论证

课例中"探究角的平分线的作法",就是让学生从现象中领悟数学本质,引导学生开展课堂讨论,讲述想法,鼓励质疑,让学生敢说、敢问、敢争辩,培养学生分析问题、解决问题的能力。

1. 讲述想法

数学实验创课注重让学生讲想法,使学生体会到学习数学不仅要记住结论和模仿做题,而且要学习得到这些结论的途径和方法。比如:在本课例"探究角的平分线的作法"中,让学生在纸上画一个角,然后讲述平分一个角的方法和理由。

2. 鼓励质疑

"学起于思,思起于疑。"数学实验创课营造了课堂研讨问题的氛围,激励学生积极地、大胆地把自己异于同学、老师甚至课本的想法和见解提出来,即使是浅显的甚至是不正确的,只要敢于质疑都能培养分析问题、解决问题的能力。

总之,数学实验创课是一种全新且非常有效的教学方式,本节主要通过一个教学案例介绍了这种教学方法的设计和应用过程,并且对其设计过程进行了简要分析。我们期望数学实验创课能够成为教师落实学科关键能力的扶梯和抓手,从而促进学生数学关键能力的形成和发展。

第四节　引导课题学习,培养活动经验

东北师范大学原校长史宁中教授认为,要把数学教学中的"双基"发展为"四基",即除了"基本数学知识"和"基本数学技能"之外,应加上"基本数学思想"以及"基本数学活动经验"。新加的"基本数学思想"我们已经提

倡多年,现已成为中学数学教育的重要目标之一,而有关"基本数学活动经验"方面的研讨正在展开。下面就这一问题,笔者结合自身的课改实践,也谈一点个人看法。

一、在新教材中引入"课题学习"的意义

(一)课题学习的特点

认真研读初中数学教材中有关课题学习的内容后,笔者发现以下几个主要特点。

(1)课题学习材料贴近生活,课题学习有丰富多彩的背景材料,都能从现实世界的许多方面找寻到数学概念的影子,并以课题形式呈现在学生的面前,让学生惊奇地发现数学原来那么贴近生活,使他们体会到现实世界是数学的丰富源泉,也是数学的归宿,从而激发他们的数学学习热情,并通过现实背景材料来理解数学概念,发现和解决现实问题。

(2)课题学习的过程体现了"数学化"和"再创造"的思想。弗赖登塔尔认为,人们运用数学的方法观察现实世界,分析研究各种具体现象,并加以整理组织,这个过程就是数学化。课题学习就是把现实问题转化为数学问题,然后运用数学知识和方法来解决实际问题。

(3)课题学习体现了建构主义的思想。建构主义认为,数学学习不是学生被动地吸收课本上的现成结论,而是学生亲自参与丰富生动的探索性思维活动,即主动建构知识的过程。课题学习就是从"数学现实"出发,在教师的帮助下自己动手、动脑做数学,用观察、模仿、实验、猜想等手段收集材料,获得体验,并做类比、分析、归纳,渐渐形成自己的数学知识。

(二)课题学习的意义

新课程标准要求数学课程内容不仅要包括数学的一些现成的结果,还要包括这些结果的形成过程,因而出现了课题学习的内容。课题学习是数学的实践与综合应用,它对数学学习的过程给予高度的关注,是架构数学基础知识和实际问题的重要手段和途径。设置课题学习目的,就是通过课题学习,使学生有更多的实践与探索的机会,通过对挑战性和综合性的课题的解决,经历数学化的过程,体验数学知识的内在联系,并获得研究问题的方法和经验,使思维能力、自主探索与交流的意识和能力得到发展。

（三）课题学习的作用

经历"问题情景—建立模型—求解—解释与应用"的基本过程，体验数学知识之间的内在联系，初步形成对数学的整体性的认识，获得一些研究问题的方法和经验，发展思维能力，加深理解相关的数学知识。通过获得成功的体验和克服困难的经历，增进应用数学的自信心。

二、在课题学习中，培养学生的基本活动经验

史宁中教授认为：教育不仅要注重结果，更要重视过程，因为结果教育只是知识的传授和技能的训练，而过程教育才是经验的积累和智慧的生成。因此，在组织学生进行课题学习过程中，要特别重视学生探究的过程、思考的过程和反思的过程，因为这是智慧生成的过程。

（一）更新观念，激发兴趣，注重思考的过程

教师首先要转变自己的观念，转变教学方式，用全新的理念设计教学、组织教学，并将其作为一种教学方式应用于数学概念、定理、公式和解题教学中，使学生认识课题学习，让他们在课题学习中获取知识，发展能力，从而激发起对课题学习的兴趣。因为兴趣是学习的动力，有了兴趣，学生的学习才是主动的、积极的、热烈的。反之，如果没有兴趣，学习将成为一种负担，效率必然低下，效果也会不甚理想。事实上，由于课题学习内容涉及学生身边的实际问题，学生对教学内容本身是比较感兴趣的，但由于操作过程中分工不明确，耗时较多等，学生往往半途而废，导致学生对课题学习缺乏兴趣。因此，作为教师，对每一次课题学习的内容设计、过程指导、效果评价等方面都要精心设计，走到学生中去，参与学生的学习。如在教学"有趣的七巧板"时，可安排让学生运用七巧板拼出"1"与"A"的一个小组活动。由于学生对这两个图案、模型缺乏了解，因而拼出这两个图案的小组寥寥无几。为了避免这节课给学生造成"七巧板没有趣"的错觉，让每个学生自己上机操作"七巧板"的拼图。由于"有模可依"，每一个学生都在活动中充分发挥了想象力，不但很快把"1"与"A"拼出，而且把"2""3""4""B""D"都顺利拼出。事实证明，只有当学生对所学内容感兴趣时，他们的学习才是有效的。

（二）全程参与、科学指导，注重探究的过程

课题学习是以学生为主体的解决问题的活动，因此教学中要充分发挥学生的主体性。教师可以向学生推荐活动，让学生在选择中具有较强的自主性。要让学生独立思考和合作交流，教师须进行有针对性的指导。教师上课时，首先向学生出示课题，明确课题要解决的任务，帮助学生了解所要学习的内容，指导小组长做好分工，哪些组员负责方案设计、计算、审核、整理撰写研究结果、发言，然后根据分工开始探究活动。在指导中要让学生理解课题学习是一种学习，就像科学家进行科学研究一样，可以通过亲身体验来养成科学精神和科学态度。教师要让学生熟悉观察法、实验法、调查法和文献资料查阅法等基本方法，同时也要让他们知道什么样的课题适合什么样的方法，如"拼图与勾股定理"适合实验、查阅文献和探究，"拱桥的设计"也适合上述方法，而"猜想、证明与拓广"则适合思辨与探究等。不仅如此，教师还要对如何观察、如何实验、如何调查、如何进行资料查阅等进行更为具体的指导。学生往往在课题学习的起始阶段热情高涨，但遇到挫折和困难，热情便会降低。因此，教师在整个课题学习的过程中都要加强督促指导和检查。

（三）合理评价、提高能力，注重反思的过程

数学评价是数学活动能否真正开展的重要保证。以往数学学科对学生的评价主要看学业成绩，教学活动以培养一流的"考生"为目标。而课题的评价强调内容的多元化和方法的多样化，不仅关注学生的学业成绩，而且关注学生创新精神和实践能力的发展，以及良好的心理素质、学习兴趣与积极情感体验等方面的发展。教学活动则是以培养高素质的"学生"为宗旨。课题学习的评价不仅要关注学生的现实表现，更要重视全体学生的未来发展，重视每个学生在本人已有水平上的发展，是对学生过去和现在做全面分析，使他们认识自己的优势，激励他们释放自己的发展潜能。同时，课题学习评价既要体现共性，更要关心学生的个性，既要关心结果，更要关注过程，评价注重学生学习的主动性、创造性和积极性。评价也可以是多角度的，尤其对学生的"作业"进行评价时，可以让学生们在课堂上宣读课题报告，演示成果，大家畅所欲言，取长补短，与学生一起总结并作出一些表扬，尽量让每位学生都有获得成功的成就感。这样，他们对下次课题的研究就充满了期待与信心。此外，教师还可以鼓励学生将自己认为

有价值的学习成果打印成册,在班级展览。这样可满足每个学生不同的发展需要,让每个学生都"动"有所得。开展课题学习,是今后教学改革和课程改革的新方向。成功的课题学习应从学生是一个发展着的、有差异的"人"这样一个基点出发,激发并唤起学生的学习兴趣,点燃学生智慧的火花,使学生的探究能力和创新能力得到充分发展。

第五节　抽象数学模型,解决实际问题

截至目前,数学模型还没有一个统一的、准确的定义,因为不同的角度可以有不同的定义。不过我们可以给出如下定义:数学模型是关于部分现实世界和为一种特殊目的而作的一个抽象的、简化的结构。具体来说,数学模型就是为了某种目的,用字母、数字及其他数学符号建立起来的等式或不等式以及图表、图像、框图等描述客观事物的特征及其内在联系的数学结构表达式。数学模型(mathematical model)是近些年发展起来的新学科,是数学理论与实际问题相结合的一门科学。它将现实问题归结为相应的数学问题,并在此基础上利用数学的概念、方法和理论进行深入的分析和研究,从而从定性或定量的角度来刻画实际问题,并为解决现实问题提供精确的数据或可靠的指导。

一、数学模型的建立

首先要了解问题的实际背景,明确建模目的,搜集必需的各种信息建模步骤示意图。其次,根据对象的特征和建模目的,对问题进行必要的、合理的简化,用精确的语言作出假设。最后,根据所作的假设分析对象的因果关系,利用对象的内在规律和适当的数学工具,构造各个量间的等式关系或其他数学结构。采用解方程、画图形、证明定理、逻辑运算、数值运算等各种传统的和近代的数学方法(特别是计算机技术),来解决一道道纷繁复杂的实际问题。

二、数学建模案例分析

下面以初中数学"$a=bc$ 型的数量关系"课为例,对其教学过程的设计与实施作分析与反思,以期对探究活动课的教学起到抛砖引玉的作用。

(一)创设情景,激发探索兴趣

探究点 1:从实际生活出发,提出问题。

(1)四人学习小组交流家庭作业。

问题 1:在水稻收割前如何估计当年水稻的总产量?

(2)四人学习小组讨论。

问题 2:有一大捆粗细均匀的电线,现要确定其总长度,怎样做比较简捷?

[设计意图]

(1)布置家庭作业,让同学之间、同学与家长之间,甚至同学与农业专家之间进行交流,对问题 1 提出解决方案。从而创设问题情景,激发学生探索问题的兴趣,并引导他们主动参与到课堂教学中去。

(2)在对问题 2 的讨论设计中,由电线杆的总质量 a、总长度 b 和单位长度质量 c 之间的关系,引出课题——$a=bc$ 型的数量关系。

(3)在对问题 1、问题 2 的解决中,灌输"部分估计总体"的统计思想。

(二)动手实践,进行问题探究

探究点 2:在亲身实践中,讨论问题。

问题 3:当矩形的长度 b(或宽度 c)为定值时,矩形的面积 A 与宽度 c(或长 b)之间有何关系呢?

(1)学习小组活动:拿出事先准备好的 12 块长 4 cm、宽 3 cm 的矩形小方块,按表 3-5-1 要求拼成矩形 2、矩形 3、矩形 4,并记录它们面积的变化。

表 3-5-1 矩形面积的变化

名称	长 b/cm	宽 c/cm	面积/cm²
矩形 1	4	3	
矩形 2	12	3	
矩形 3	4	12	
矩形 4	12	12	

（2）学习小组讨论：在活动中比较矩形 1 和其他三个矩形的长、宽和面积的倍数关系，并考虑更一般性的情形，从中能够发现什么规律？

表 3-5-2 矩形面积变化的规律

名称	长	宽	面积
矩形 1	b	c	A
矩形 2	$k_1 b$	c	$A_1 =$
矩形 3	b	$k_2 c$	$A_2 =$
矩形 4	$k_1 b$	$k_2 c$	$A_3 =$

注：k_1, k_2 为整数，且 $k_1 > 0, k_2 > 0$。

根据表 3-5-2，完成下面的式子：
$A_1 = \underline{\hspace{2cm}} A, A_2 = \underline{\hspace{2cm}} A, A_3 = \underline{\hspace{2cm}} A$。

［设计意图］
（1）设计问题 3，目的在于探索矩形面积 A 和它的长度 b、宽度 c 三者之间的关系。

（2）为了让学生直观地理解问题 3，设计了拼图活动，使课堂生动、有趣，又让学生在玩中获取了知识。让学生通过自己动手实践，在摸索中发现 A 与 b、c 之间的关系。

（3）对问题 3 的探索中，灌输从特殊到一般的数学思想。

（三）动脑思考，抽象数学模型

探究点 3：在讨论交流中，归纳问题。

问题 4：在 $A = bc$ 中，当 c（或 b）为定值时，A 和 b（或 c）有什么关系？

问题 5：根据以上小组活动的结果，结合你拼出的矩形，归纳出若矩形

的面积 A 为定值,矩形的长 b 度和宽度 c 之间的关系,并将下面等式补充完整。

$b_1 =$ _____ cm, $\quad\quad\quad c_1 =$ _____ cm, $\quad\quad\quad b_2 =$ _____ cm,

$c_2 =$ _____ cm, $\quad\quad\quad \dfrac{b_1}{b_2} =$ _____, $\quad\quad\quad \dfrac{c_1}{c_2} =$ _____。

[设计意图]

(1)通过小组讨论,全班交流,让学生自己归纳、总结出 A、b、c 的数量关系,并抽象出数学模型,上升为理论。

(2)通过问题—活动—讨论—总结—应用,让学生在对 $a = bc$ 型数量中关系的探索中,了解数学探索活动的一般方法。

(3)在对 $a = bc$ 型数量关系的探索中,培养学生的自主学习能力、概括归纳能力、逻辑思维能力及探索能力。

(四)讨论交流,指导生产实践

探究点 4:在解决问题过程中,深化问题。

问题 6:一个矩形推拉窗的活动窗扇的拉开长度 b 和通风面积 A 有什么关系?并阐述理由。

① 学生独立思考问题 6。

②全班交流问题 6 的答案。

问题 7:在实际中还有哪些 $a = bc$ 型数量关系的例子?

①小组讨论问题 7,并请各小组共同编写 $a = bc$ 型的应用题。

②全班交流小组讨论的结果,并由全班共同解决小组编写的具有代表性的题目。

例如:总价＝单价×货物数量,利息＝利率×本金,路程＝速度×时间。

[典型例题]

例 1:火车从 A 城到 B 城要 20 小时,提速后只要 12 小时。(1)火车现在的速度 v 与原来的速度 v_1 间有何关系?(2)若火车原来的速度为 75 千米/小时,则现在的速度为多少?(3)火车现在开 800 千米所用的时间,原来可走多少路程?

例 2:1999 年 11 月 1 日起,全国储蓄存款要征收利息税,税率为 20%,某人于 1999 年 11 月存入人民币若干,年利率为 2.25%,到期时扣去利息税 4.5 元,问这人存入本金多少元?

[设计意图]

(1)设计问题 6,让学生在解决实际问题中加深对数学模型 $a = bc$ 的理解。

(2)设计问题 7,对于培养学生从实际问题中抽象出数量关系非常有益,让学生领会数学知识的具体应用,从而培养学生的应用意识和探索能力。

(3)在解决实际问题中渗透"观察—归纳—应用"的数学思想。

(五)归纳总结,升华数学理论

探究点 5:在理论升华中,发现问题。

问题 8:若 a、b、c 之间有关系 $a = bc$,那么:

① $a = 0$ 必须且只需:_____。

②当 $a \neq 0$ 时,$b =$_____,$c =$_____。

③当 c(或 b)为定值时,a 和 b(或 c)间有什么关系?

④当 $a(a \neq 0)$ 为定值时,b 与 c 间有什么关系?

(1)同学独立解决问题 8。

(2)全班交流总结问题 8,并做为本课的知识点小结。

(3)布置作业:

①对问题 1 的要求,进行社会实践,搜集数据,并作方案设计。

②结合实际写一篇关于 $a = bc$ 型数量关系应用的小论文。

[设计意图]

(1)设计问题 8 是为了归纳本节课的知识要点,同时通过对这些问题的探究,可以提高学生深入分析数学解析式含义的能力。

(2)设计开放性的两道家庭作业,让学生参加社会实践,进行研究性学习,并学会写数学小论文,从而使探究性活动向纵深发展,达到较高层次。

本节探究性活动课实现了:让学生通过实践,自己发现问题、提出问题、思考问题、解决问题,以问题开始,又以问题结束。这就是探究性活动的价值所在。

附录 3-1

"抽象数学模型,解决实际问题"课例设计
——一次函数的应用

一、内容分析

(一)课标要求

结合具体情境体会一次函数的意义,根据已知条件确定一次函数表达式,能用一次函数解决实际问题。

(二)教材分析

知识层面:本节课是在学生已经基本掌握一次函数相关知识,能利用一次函数解决简单实际问题的基础上开展数学活动课,旨在挖掘教材,探索教材知识内容与现实问题的结合点,立足生活实际,于情境中收集、分析数据,帮助学生用数学的思维分析世界,培养学生的应用意识。结合对函数关系的分析,尝试对变量的变化规律进行初步预测,渗透数学建模的基本思路,这是学习函数建模的通法,具有一般性和代表性,其方法结构都可以迁移到后续的函数建模,起到示范作用,为学习二次函数、反比例函数建模奠定了基础。因此,本节课具有承上启下的重要作用。

能力层面:《数学省教学考试指导意见》中强调,要发展学生的数学核心素养,注重发展学生的应用意识。一次函数建模是学生第一次接触到比较系统的函数建模问题,学生尝试从变量(数的角度)的变化规律,借助函数图像(形的角度)抽象概括出函数模型,这是之前从未接触过的知识。学生在探究过程中经历分析、作图、观察、归纳概括、验证等过程,通过"数—形—数—式"多个角度解决实际问题。在小组合作中,在争执、质疑、解疑的过程中学会思考,在实践中归纳由实际问题抽象出数学模型的方法,在学习与交流中充分发展学生的应用意识。

思想层面:本节课是函数建模教学的切入点,在探究过程中蕴含着丰富的数学思想,如模型思想、数形结合思想等。由实际问题经过数学抽象获得初步数学模型,这一过程中渗透着模型思想;在探究变量间的变化规律,确定函数模型的探究过程中则蕴含着数形结合的思想。感悟这些数学思想不仅是本节课学习的重要任务,而且对今后的数学学习及生活都将发挥重要作用,尤其是在应用意识的形成过程中,有着不可忽视的作用。

基于以上的分析,我选择将"初中数学建模:一次函数的应用"作为函数建模的一个教学关键点,培养学生的应用意识。

（三）学情分析

八年级下学期学生的认知水平还处在具体运算和形式运算的过渡发展阶段,学习一次函数,意味着学生由常量数学的学习进入变量数学的学习,学生的思维方式要随之改变,这是对学生思维能力的考验,也是其数学认识的一次重要飞跃。利用一次函数解决简单实际问题对于学生而言并不太难,难点在于对一次函数知识理解深度不够,对解析式与图像的内在联系运用较薄弱。通过实际问题抽象出函数模型是学生第一次接触到的函数建模内容,既新鲜又陌生。为此,本节课从学生感兴趣的问题情境入手,带领学生感知一次函数,从数和形的角度引导学生自主探究,并在合作交流的基础上创造性学习。

二、教学目标

（一）知识技能

理解一次函数本质,会构造一次函数模型;探究数学建模的基本规律,体会一次函数建模的方法;结合对一次函数关系的分析,尝试对变量的变化规律进行初步预测,能解决简单的实际问题。

（二）数学能力

经历一次函数"数—形—数—式"函数建模的过程,发展学生数学学习核心素养;利用待定系数法、图像法建立实际问题与数学模型的桥梁,在探究过程中培养学生的应用意识。

（三）数学思想

在探究一次函数建模的过程中,感悟数学模型思想、数形结合等思想,体会数学知识、各个学科、实际生活三者的联系,运用数学的思维方式进行思考,了解数学的价值,提高学习数学的兴趣,增强学好数学的信心,养成良好的学习习惯。

三、教学策略

基于发展学生数学核心素养为导向的教学目标,本节课采取直观性策略、情境性策略、操作性策略、问题组织策略等,力求培养学生的应用意识,帮助学生学会用数学眼光观察世界,用数学思维分析世界,用数学语言表达世界。

（一）直观性策略

为了更直观地从实际情境中抽象出一次函数模型,利用《几何画板》软件绘制图像,让学生直观感受到数据成"直线型",进一步深化由"形"到"数":直线到一次函数解析式的联系。

（二）情境性策略

在生活实际背景的问题中,学生参与知识的发生、发展,形成过程,始终处于主动探索问题的积极状态中,将冰冷的数学知识转化成火热的思考,使数学学习变得有趣。有助于初中生学习情感的有效激发,有助于有效教学活动的深入推进,进而能初步渗透应用意识。

（三）操作探究策略

学生是学习的主体,教师是教学的引导者。教师要有意识地培养学生的模型思想,鼓励学生动手操作,大胆实验,从实验中发现问题,探究规律。发现一次函数建模的方法步骤,形成数学建模的常见思路。这样,学生成为探求知识的主体,并在活动探究中,进一步培养学生的应用意识。

（四）问题组织策略

设置问题串促进活动的开展,把握活动探究的深度。把活动探究难度弱化,在问题串中有助于学生了解模型建立的来龙去脉,引发学生的真实思考。同时及时预设学生的难点和困惑点,给足思维空间和时间,不断激发学生创新的欲望和情感,促成学生语言表达,通过归纳概括理清思路,形成发展应用意识过程中的经验。

四、教学过程

（一）新知学习

情境1:已知两个变量 x 和 y,它们之间的对应值如表3-5-3所示。

表 3-5-3　x 与 y 值对应关系

x	-2	-1	0	1	2
y	-5	-3	-1	m	3

【师生活动】引导学生从数和形的角度观察,归纳出模型,体会建模的意义。问题1:写出你认为可能的 m 值,并说明理由。

（学生各抒己见,教师鼓励学生从不同的角度对数据进行全面分析,从数的角度初步感受 y 与 x 存在某种关系,y 随 x 的变化而变化。）

问题2:你能否在平面直角坐标系中表示 y 与 x 的变化规律?

（通过讨论,学生将这5组数据通过描点的方式一一表示在平面直角坐标系中,从形的角度发现:这些点分布在一条直线上。）

问题3:y 与 x 是否存在函数关系? 如果是,是什么? 如果不是,请说明理由。

（学生独立思考,教师引导学生从"数"和"形"的角度,全面客观地分析

y 与 x 是否满足函数的定义。）

追问：既然 y 与 x 满足函数关系，你能说说它们满足哪种函数关系？

（1）"数"：变量 y 与变量 x 的函数解析式是 $y=2x-1$，所以 y 与 x 满足一次函数关系。

（2）"形"：变量 y 与变量 x 满足的函数图像是一条直线，所以 y 与 x 也满足一次函数关系。

【设计意图】初步感受到在实际问题中抽象出数学模型一定要经历对数据客观全面的分析，在此基础上才能确定模型，体会建模的意义，形成初步的应用意识。

（二）自主探究

情境2：国际奥林匹克运动会早期，男子撑竿跳高的纪录近似地由表3-5-4给出。

表 3-5-4　男子撑竿跳高的纪录

年份 x	…	1900	1904	1908	…
高度 y/m	…	3.33	3.53	3.73	…

【师生活动】教师分析题意，学生思考探究。

问题1：表3-5-4给出了1900年（第2届）至1908年（第4届）的奥运会男子撑竿跳高纪录，从这三届数据你能看出其中的规律吗？

（引导学生分析数据：每隔4年撑竿跳高纪录增加的量相同）

① 随着年份 x 的变化，高度 y 也发生变化。

② 1900—1904年，1904—1908年，年份间隔都是4年。

③ 1900—1904年，1904—1908年，年份每间隔4年，撑竿跳高高度增加量不变，都是增加0.2米。

追问1：1900年前的"…"与1908年后的"…"是指哪些年份的数据？

（1900年前只有1896年（第1届），1908年后的"…"是指排除1916年、1940年、1944年因为战争原因停办以外的所有奥运会的男子撑竿跳高记录。从1896年第1届奥运会至今已经举办了31届奥运会，而表格中列出的仅仅只是呈现规律的3届数据，为后续引导学生发现撑竿跳高高度 y 与年份 x 实际上并不满足一次函数关系埋下伏笔。）

追问2：你能由此表格预测1896年和1912年奥运会的男子撑竿跳高纪录吗？

（学生踊跃发言，结合情境1从"数"和"形"的角度对表格数据进行分析。教师从确定函数模型科学性、适用性的角度进行引导。)

从"数"的角度:1908—1912年年份也间隔4年,预测高度增长不变,也是0.2 m,即1912年的高度大致为3.73＋0.2＝3.93 m。同理1896年的高度大致为:3.33－0.2＝3.13 m。

假设 x 年与1900年间隔$(x-1900)$年,每年增加0.05,则经过$(x-1900)$年,高度比1900年增加$0.05(x-1900)$,则 $y=0.05(x-1900)+3.33$。根据图3-5-4中的3组数据,大胆预测未给出的数据可能也满足 $y=0.05(x-1900)+3.33$,经整理可得 $y=0.05x-91.67$,当 $x=1912$ 时,$y=0.05\times1912-91.67=3.93$。当 $x=1896$ 时,$y=0.05\times1896-91.67=3.13$。

从"形"的角度:学生自发考虑利用函数图像,直观地发现变量间的变化规律。由图像可知3点分布在一条直线上,引发思考:高度 y 与年份 x 可能满足一次函数模型,决定利用待定系数法求解出函数模型。

根据记载,1912年奥运会的男子撑竿跳高成绩是3.95 m,与上面的计算结果接近。

【设计意图】引导学生初步体会由实际问题中的数据变化规律抽象出数学模型,确定函数关系,为问题2的探究预热,也为后续进一步开展函数建模作铺垫。

问题2:1912年之后的每届奥运会男子撑竿跳高的成绩你觉得会一直按照这种规律提高吗?也就是说高度 y 与年份 x 一定满足一次函数模型吗?请说明你的理由。

答案是不一定。这里需要重点引导学生分析不能以这三届的撑竿跳高纪录预测整体的情况,这三届的记录呈现出的规律只是一种偶然现象,每届奥运会撑竿跳高成绩受人类身体机能提升、比赛场地不断完善、材料科学发展等因素的影响,或许在早期某个阶段随着运动水平的提高,撑竿跳高纪录会随着年份的增长而增长,但由于人体机能的极限,跳高纪录也不可能无限增长,也不一定呈现规律性的增长。

下面我们看看历届奥运会男子撑竿跳高的成绩实际情况是怎样的?

查阅相关资料,图3-5-1是1896年到2016年历届奥运会男子撑竿跳高纪录的散点图。从图中不难看出,历届奥运会撑竿跳高成绩基本呈现上升趋势,但是也有出现个别下降的数据。奥运会撑竿跳高高度 y 与年份 x 确实满足函数关系,但并不是学生所预测的一次函数模型,只是在局部(1900—1912年)呈现近似直线的状态。引导学生体会仅仅根据局部少量的数据具有的规律便进行预测,而忽视实际背景,这样建立的函数模型是缺乏科学性的,也就失去它本身的应用价值。

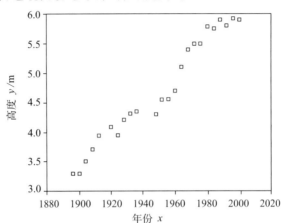

图 3-5-1

【设计意图】基于学生的现有知识结构,预设学生容易产生思维定式,认为所有的函数模型都是一次函数模型。情境 2 的巧妙设置引发学生思维冲突,着眼于学生的最近发展区,为学生提供带有难度的内容,调动学生的积极性,发挥其潜能,在交流学习中感受建模的意义与应用价值,为后续合作探究预热。

(三)合作提升

活动 1:世界人口统计

1950 年至 2010 年世界人口数近似地由表 3-5-5 给出:

表 3-5-5   1950 年至 2010 年世界人口数

年份 x	...	1950	1960	1974	1987	1993	1999	2010	...
人口数 y/亿	...	25	30	40	50	52	60	69	...

问题 1:依据表格中的数据,请你估计 2020 年的世界人口数。

【师生活动】教师分析题意,学生分小组探究。

思路 1:从数的角度进行分析,发现数据较分散,排除 1950 年和 1993 年这 2 组数据比较特殊外,5 组数据中,人口数增量大致都为 10 亿人,但是时间间隔不一。1960—1974 年间隔 14 年,1974—1987 年间隔 13 年,1987—1999 年间隔 12 年,1999—2010 年间隔 11 年,学生难以直接利用数据预测 2020 年的世界人口数,个别小组放弃这种思路,转而考虑图像法。

思路 2:从形的角度进行分析,有情境 2 建模解决实际问题的学习经验,学生多数采用建立平面直角坐标系、描点的方式绘制出 y 与 x 的变化规律。

追问1:观察描出的点的分布情况,猜测两个变量 y 和 x 之间是何种函数关系。(点大致分布在一条直线上,表格只提供7组数据,"…"表示仍有数据未给出,因此我们只能大胆猜测人口数 y 与年份 x 满足一次函数模型。)

【设计意图】问题1到追问1的设置,充分尊重学生的主体性,"不愤不启,不悱不发",在课堂上善于捕捉学生思维的发展点,"惑学生之所惑,难学生之所难",在学生思考陷入瓶颈时,教师作为引导者,通过问题的形式启发学生,引导学生深入思考"如何确定函数模型",体会数形结合的重要性,这是培养学生应用意识极为关键的一步。

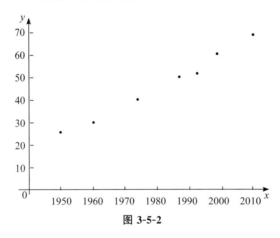

图 3-5-2

追问2:利用待定系数法建立一次函数模型只需要两点,应该如何选点?

思路1:根据绘制的图像排除2组影响比较大的数据后,学生从5组数据中任意选取2点,发现由此建立的函数模型解析式不唯一。(利用待定系数法,求 b 计算量比较大,建议可以只计算出 k 值。)有如下几种情况:

①l_{AB}：$y=0.72x-1381.2$;　　　②l_{BC}：$y=0.77x-1479.98$;

③l_{CD}：$y=0.83x-1559.2$;　　　④l_{DE}：$y=0.82x-1579.18$;

⑤l_{AC}：$y=0.74x-1420.4$;　　　⑥l_{CE}：$y=0.83x-1599.21$;

⑦l_{BD}：$y=0.80x-1539.2$;　　　⑧l_{AD}：$y=0.77x-1479.2$;

⑨l_{BE}：$y=0.81x-1558.9$;　　　⑩l_{AE}：$y=0.78x-1478.8$。

通过对比,学生不难发现,任意选择两点所建立的模型误差较大,进而引发学生思考"如何选点建立的模型比较合理"。

追问3：你认为你所建立的模型合理吗？

思路2：学生借助直尺在建立的平面直角坐标系中"摆一摆""画一画"，使得过两点画出的直线尽可能经过更多的点（或者使得其他5个点尽可能靠近所画直线），从而确定最贴近实际情境的数学模型。例如：

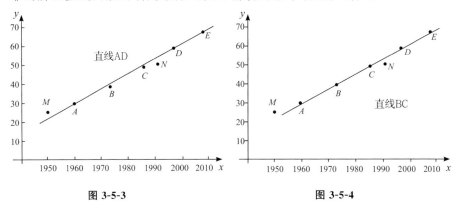

图 3-5-3   图 3-5-4

反例展示：其他点不在所绘直线上，或者距离直线较远，误差大，模型不合理。

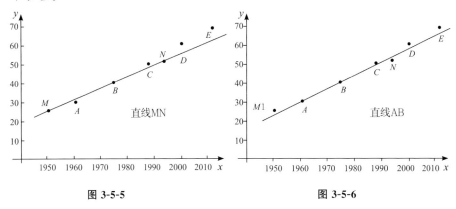

图 3-5-5   图 3-5-6

思路3：教师利用几何画板进行演示，直观再现学生建模选点的思考过程，让学生感受建模的乐趣。通过演示，师生共同确定选择点 $A(1960,30)$ 和点 $E(2010,69)$ 所建立的直线模型最合理，再利用待定系数法共同求解出函数模型。

解：用 x 表示年份，则世界人口数为 y 与 x 的函数关系式：$y=kx+b$（$k\neq0,k,b$ 为常数）。由于 $x=1960$ 时，世界人口数为 30 亿；$x=2010$ 时，世界人口数为 69 亿，因此：

$$\begin{cases} 1960k + b = 30 \\ 2010k + b = 69 \end{cases} \quad \therefore \begin{cases} k = 0.78 \\ b = -1498.8 \end{cases} \quad \therefore y = 0.78x - 1498.8$$

按照这个函数模型,预测 2020 年的世界人口数:当 $x = 2020$ 时,$y = 76.8$ 亿。

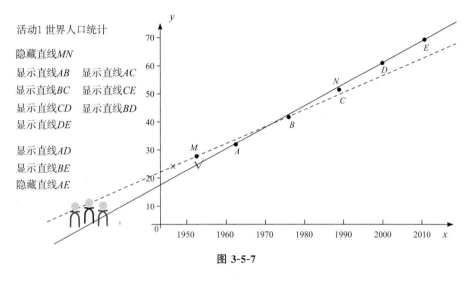

活动1 世界人口统计

隐藏直线 MN

显示直线 AB　　显示直线 AC

显示直线 BC　　显示直线 CE

显示直线 CD　　显示直线 BD

显示直线 DE

显示直线 AD

显示直线 BE

隐藏直线 AE

图 3-5-7

追问 4:对比情境 2 撑竿跳高成绩与活动 1 世界人口增长这两个问题,思考为什么撑竿跳的成绩不可预测,而人口增长问题是可预测的?

(两者的变化趋势是不一样的,撑竿跳作为一种竞技比赛,运动成绩主要是取决于参赛运动员个人的运动水平,难以预测。而世界人口除战乱、重大自然灾害外呈自然增长,这种增长方式相对稳定,可以预测。)

【设计意图】追问的设置充分发挥个人、小组以及师生共同协作的作用,畅所欲言,多种思路交流碰撞,由选点引发学生火热的思考。在合作交流中让学生深刻体会建立贴近生活实际的函数模型的重要性。最后,通过多媒体动态演示整个过程,直观再现学生思考的过程,深刻体会模型建立的意义。这是培养应用意识的第二个层次,从"模型的建立"发展到追求建立"更合理模型",经历从经验型的定性描述发展到科学的定量与定性相结合的阶段。

问题 2:阅读与思考。

(1)《2004 年地球生存报告》数据显示,全球年人均水资源消耗量为 8870 立方米,中国年人均水资源消耗量为 2240 立方米。

(2)人类目前比较容易利用的淡水资源,主要是河流水、淡水湖泊水以及浅层地下水。这些淡水储量只占全部淡水的 0.3%,占全球总水量的十万分之七,即全球真正有效利用的淡水资源每年约有 9000 立方千米。

(3)我国是一个干旱、缺水严重的国家。我国的淡水资源总量为 2.8 万亿立方米,占全球水资源的 6%,实际可用淡水资源总量约为 1.1 万亿立方米。同时我国也是人口大国,人口占世界总人口的 22%。

问:依此模型,按现在年人均水资源消耗量,请你判断 2030 年全球是否面临严重的水资源危机?

【师生活动】小组合作交流,集思广益。

(根据世界人口数 y 与年份 x 建立的近似模型 $y=0.78x-1498.8$,我们可以估计 2030 年的世界人口数,即当 $x=2030$ 时,$y=0.78\times2030-1498.8=84.6$ 亿,2030 年世界人口将达到 84.6 亿人。

根据阅读材料,可知全球年人均水资源消耗量为 8870 立方米,因此可以估计 2030 年全球水资源消耗量为 $84.6\times10^8\times8870=7.5\times10^{13}$ 立方米 ≈75000 立方千米,远超过全球每年真正可以有效利用的淡水资源 9000 立方千米。因此,按照现在全球年人均水资源的消耗水平,预估将来会出现水资源严重紧缺的现象,珍惜水资源,节约水资源迫在眉睫。)

【设计意图】问题 2 在运用函数模型解决实际问题的过程中,结合水资源问题拓宽学生的视野,激发学生学习的兴趣。课后活动 2 水龙头漏水实验也紧扣建模主题,让学生在掌握课堂知识的基础上,课后仍能利用建模知识自我发展提高。深刻体会到建模的意义,感受数学模型的应用价值,极大地培养学生的应用意识。

(四)引导发展

问题 1:利用一次函数模型解决实际问题的一般步骤是什么?

图 3-5-8

(1)分析数据,并在平面直角坐标系中描点;

(2)观察这些点的特征,确定选用的函数形式,并求出具体的函数表达式;

(3)判断模型的合理性;

(4)应用函数模型解决问题。

问题 2:如何确定实际问题应该选择哪种函数模型? 以一次函数模型为例:

(1)作图:观察图像,若图像的特征是直线型:如直线、射线、线段,则可大致判定函数的类型为一次函数。

(2)分析数据:若因变量是随自变量均匀变化的,函数的类型也可能是一次函数。

追问:如果仅提供两组有序数对,能否确定函数模型?(建立函数模型基本上都要借助图像,如果只有两组数据,很难确定图像的趋势。有代表性的有序数对越多,建立起来的函数模型越贴近实际问题。)

【设计意图】回顾一次函数数学建模的过程,通过追问引导学生思考建模的常用步骤,形成认识,加深理解,为今后借助一次函数解决实际问题提供可行的方法指导,也为后期利用抽象数学模型解决实际问题提供一种思路。

(五)成效评价

(1)如表 3-5-6,大拇指与小拇指尽量张开时,两指尖的距离称为指距。某研究表明,一般情况下人的身高 h 是指距 d 的函数。表 3-5-6 是测得的指距与身高的一组数据。

表 3-5-6 指距与身高的一组数据

指距 d/cm	20 ·	21	22	23
身高 h/cm	160	169	178	187

①求出 h 与 d 之间的函数关系式。

②某人身高为 196 cm,一般情况下,他的指距是多少?

(2)为了学生的身体健康,学校课桌、凳的高度都是按一定的关系科学设计的。小明对学校所添置的一批课桌、凳进行观察研究,发现它们可以根据人的身长调节高度。于是,他测量了一套课桌、凳子相应的四档高度,得到如表 3-5-7 所示数据。

表 3-5-7 课桌、凳子的高度数据

档次	高度			
	第一档	第二档	第三档	第四档
凳高 x/cm	37.0	40.0	42.0	45.0
桌高 y/cm	70.0	74.8	78.0	82.8

(3)①求出桌高 y 与凳高 x 的函数关系式。

②小明回家后,测量了家里的写字台和凳子,写字台的高度为 77.0 cm,凳子的高度为 43.5 cm,请你判断它们是否配套并说明理由。

【设计意图】通过观察表格发现规律,观察图像发现特征,强化观察能力,形成数学建模意识,培养应用意识。

(4)问题:本节课我们研究了什么?是怎样研究的?得到了哪些成果?在研究过程中,你觉得收获最大的是什么?

【师生活动】老师在学生总结的基础上概括补充。

【设计意图】不仅从数学知识技能方面,还要从数学方法和数学思想上总结收获。教师再概括引导提升学生对一次函数建模的认识,使之了解研究建立函数模型的一般方法。

(六)课后反馈

活动 2:我国作为一个干旱缺水严重的国家,人均水资源匮乏,如果按照活动 1 的人口增长速度,我国的缺水问题更加严峻且迫切。

问题 1:请你结合活动 1 的探究,预测 2030 年我国是否也将面临严重的水资源短缺危机?

(按照所建立的函数模型可大体预测 2030 年世界人口总数,并且我国人口占世界总人口的 22%,因此 2030 年我国人口将达到 18.6 亿人。即当 x =2030 年时,我国人口总数预计可达到 $(0.78 \times 2030 - 1498.8) \times 22\% \approx$ 18.6 亿人,结合材料可知我国年人均水资源消耗量为 2240 立方米,因此 2030 年我国水资源消耗量大致为:$18.6 \times 10^8 \times 2240 \approx 4.2 \times 10^{12}$ 立方米 $>$ 1.1×10^{12} 立方米,因此 2030 我国也将面临严重的水资源短缺问题。)

问题 2:我国水资源浪费的问题同样令人担忧,为了提醒人们节约用水,从身边的小事做起,及时修好漏水的水龙头,请同学们分组开展水龙头漏水实验。

实验一:在做水龙头漏水实验时,每隔一段时间观察量筒中水的体积,并记录数据。(漏出的水量精确到 1 mL)

表 3-5-8　水龙头漏水实验数据

时间 t/min							
漏出的水量 V/mL							

问:按此漏水速度,1 小时会漏多少升的水,1 天和 1 年呢?

实验二:请你结合图 3-5-9,说明为什么图像中会出现与横轴"平行"的部分。除此之外你还能得到哪些有用的信息?

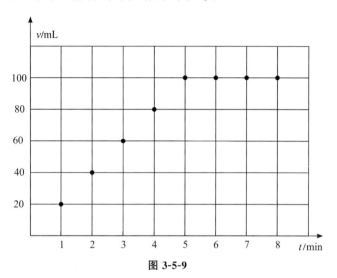

图 **3-5-9**

【设计意图】课后反馈是课堂知识的延伸,两个问题的设置有助于学生及时对本节课所学知识、方法进行巩固与提升。水资源消耗量的设置巧妙地将活动 1 与活动 2 紧密联系在一起,让学生充分认识数学的应用价值,形成积极的应用意识,进而形成对社会发展的关注意识和参与意识。

(本课例设计系黄燕老师获省普教室组织的"基于数学核心素养发展的关键教学点设计"比赛一等奖作品)

第六节 解析学生错误,提出教学对策

运算能力作为核心素养之一,在平时教学中如何落实和培育尤其重要。下面从认知心理学、数学教学等角度对初中生在有理数学习中的运算错误进行解析,找出有理数的运算错误类型及造成错误的原因,提出有针对性的纠错防错教学对策,提高学生的运算能力。

《义务教育数学新课程标准(2011 版)》把运算能力列为中学生的核心素养,说明运算能力的重要性。然而,初一学生刚踏入中学校门,在数学学习中就遇到有理数的有关计算,一大部分同学在学习本章的过程中都出现了许多不同类型的错误。那么如何让学生能够及时纠正错误,牢固掌握知识?作为一线教师很有必要对学生犯错的类型进行归类,对犯错原因做进一步分析。透过错误发现问题,在错误上做文章,变"废"为"宝"。本节通过解析有理数的运算错误,探寻提高初中生运算能力的教学策略。

一、有理数的运算错误统计

(一)设计测试卷

为了定量地反映学生在有理数运算学习中的错误情况,笔者根据有理数的运算内容设计了一份测试卷,由学生错误较多或容易出错的问题改编而成,共 10 题,记 100 分。(表 3-6-1)

表 3-6-1 "有理数运算测试题"细目表

题号	分值	知识要素	方法要素	考查目标
1—2	20	有理数的加减运算	利用有理数加减法则解题	对同号、异号有理数加减法则的理解
3—4	20	有理数的乘除运算	利用有理数乘除法则解题	对同号、异号有理数乘除法则的理解
5—6	20	有理数的加、减、乘、除运算	利用有理数加、减、乘、除法则解题	对有理数加、减、乘、除法则及运算顺序的理解
7	10	有理数的乘方运算	利用有理数乘方法则解题	对有理数乘方法则的理解
8～10	30	有理数的加、减、乘、除、乘方运算及去括号法则	利用有理数的加、减、乘、除、乘方及去括号法则解题	对有理数的加、减、乘、除、乘方法则及运算顺序的理解

(二)测试结果统计

1. 测试结果描述性统计

笔者综合分析试卷测试结果,对学生的测试成绩进行了统计,结果见表 3-6-2。

表 3-6-2　学生测试成绩总分描述性统计

研究对象	成绩			
	最低分	最高分	平均分	标准差
所有学生	21	100	78.26	20.18
男生	21	96	77.11	21.56
女生	32	100	79.35	19.45

2. 总体错误类型统计

笔者综合分析试卷测试结果,对学生的解题错误类型从不同角度进行了统计,结果见表 3-6-3 和表 3-6-4。

表 3-6-3　从运算过程看学生错误

对象	错误					
	符号意识不强造成错误		算法算理不清造成错误		计算习惯差造成错误	
	次数	百分比	次数	百分比	次数	百分比
男生	28	36.7%	25	32.9%	23	30.3%
女生	26	34.7%	29	38.7%	20	26.7%
所有学生	54	35.8%	54	35.8%	43	28.5%

表 3-6-4　从认知角度看学生错误

对象	错误					
	知识性错误		思维性错误		心理性错误	
	次数	百分比	次数	百分比	次数	百分比
男生	36	55.4%	19	29.2%	10	15.4%
女生	38	50.0%	24	31.6%	14	18.4%
所有学生	76	53.1%	43	30.1%	24	16.8%

为了更清楚地了解学生对测试题作答的具体思维过程,以及在运算中产生错误的具体原因,我们还进一步对学生进行了访谈,对学生的典型错误和典型错误个案进行分析,了解学生产生运算错误的主要原因及思维过程。例如:针对学生 $-4 \times 9 - 27 = -36 - 27 = -9$ 的计算错误,笔者提出以下问题:你是怎样算的?为什么这样算?依据什么法则?你觉得有错吗?错在哪儿?怎么改正?等等。

二、有理数的运算错误解析

通过以上统计发现：从认知角度看学生错误，知识性错误占 53.1%，思维性错误占 30.1%，心理性错误占 16.8%。从运算过程看学生错误，符号意识不强造成错误占 35.8%，算法算理不清造成错误占 35.8%，计算习惯差造成错误占 28.4%。究其原因，造成初中生在有理数学习中发生错误的主要原因有以下三个方面：其一，对运算概念的理解不透造成错误。初一阶段，学生刚刚从小学进入初中，由于受思维发展水平的限制，学生对于数学概念的理解存在着较大的困难，在运算过程中就很容易出现由于对概念理解不全面而出错现象。其二，算法算理不清，造成错误。经过调查，在运算错误中，有 35.8% 的错误是由算法算理不清造成的。原因在于平时的计算主要靠反复的、机械的题海训练进行，不够重视对算法算理的理解和深化。其三，没有良好的计算习惯。调查发现，尽管班情、学情不同，但学生对待计算的兴趣普遍不高，计算没有规范操作，未形成技能。

（一）从运算过程看学生错误

1. 符号意识不强造成错误

例如 $-(-)9\times(-8)\div(-4)=-18$，造成错误的原因就是符号意识不强，错看或漏看"$-$"造成的。

2. 算法算理不清造成错误

例如 $-9-8=-1$，造成错误的原因在于对有理数的减法法则理解不清，不理解减法法则：减去一个数等于加上这个数的相反数。即：$-9-8=-9+(-8)=-17$。

3. 计算习惯差造成错误

书写不仔细，格式不规范，不注意题目中关键性符号；答完题后，不重视对题目进行检查，没有自觉验算等计算习惯。例如：$-9+(-6)$ 写成 $-9+-6$，等等，就是不注意基本书写的规范造成的。

（二）从认知角度看学生错误

1. 知识性错误

基础知识欠缺，对算法、算理、法则不理解，知识停留在课本知识的圈子里，不能升华为有效知识，综合运用知识的能力差。

例如学生答题 $-(-2)^3-2^2\div(-2)=-8-4\div(-2)=6$,出现了两处错误。究其原因,是学生对有理数的乘方运算及运算顺序等有关知识掌握不到位,运算不清楚,不会综合应用造成的。

2. 思维性错误

缺乏解题所必备的思路和方法,导致类推错误,不能做到举一反三、触类旁通。比如计算 $-2-(8-9)\times(-8)\div(-4)$,看不懂题目,不知如何下手,要先计算什么,搞不清运算顺序,没有运算思路。

3. 心理性错误

解题时过于自信、盲目冲动,或怯场心理、干扰过多,等等。比如:题目抄错、看错,上一行到下一行、卷子到答题卡抄错、看错等,这些低级错误都属于心理性错误。

三、有理数运算的教学对策

数学运算作为核心素养之一,是指学生在明晰运算对象的基础上,根据运算法则解决数学问题的一种素养。它主要包括理解运算对象、探究运算方向、选择运算方法、设计运算程序、求得运算结果等能力。那么,在有理数的教学中如何针对学生的运算错误培养运算能力呢? 笔者认为,可以总结为八个字:正确、灵活、合理、准确。

(一)理清知识脉络,提高运算的正确性

掌握相关知识,理清知识脉络,是进行运算的基础。有理数整章内容利用了数轴的形象表示有理数的存在,学生普遍对有理数感觉陌生、抽象。因此加强数轴与有理数之间联系的教学尤为重要,既要让学生懂得"怎么运算",更要明确"为什么这样算"。真正让学生知其然,又知其所以然。只有这样,才能保证运算的正确性。

(二)理解算法、算理,探寻运算的合理性

掌握和理解运算的法则、公式和性质是进行运算的关键。在有理数的运算中,必须重视有理数运算法则的意义的教学,重点解析有理数的加、减、乘、除法则的意义。让学生真正理解公式、法则、性质的内涵,让学生在现实背景中进行探索、实践、总结,从而巩固和深化有理数的运算法则。只有理解了算法、算理,才能选择合适的运算方法,设计合理的运算程序。

（三）多角度探索运算方法，增强运算的灵活性

运算的灵活性是运算方法多样化的表现，具体表现为运算角度灵活、运算方法灵活、运算过程灵活、运算知识运用灵活。有理数的运算主要是运用必要的公式、法则、性质对数的形式进行转化，侧重追求的是灵活性和经验化。所以教师要多角度、多层次引导学生思考问题，探索运算方法，增强运算的灵活性。比如：引导学生对运算过程进行发散，选择多种方法解决问题；引导学生对问题的条件进行发散，从不同角度利用不同知识进行运算；引导学生对问题的结论进行发散，鼓励学生尽可能多地探寻有关结论。

（四）重视纠正运算错误，提高运算的准确性

1. 预防和排除干扰

预防错误的发生，是减少初中学生解题错误的主要方法。讲课之前，教师如果能预见到学生学习本课内容可能产生的错误，就能够在课内讲解时有意识地指出并加以强调，从而有效地控制错误的发生。例如，讲解有理数的运算之前，要预见到学生初次接触负号，对负号的理解存在困难，正负号容易混淆等，因而要在学习负数过程中多准备一些有关负数运算的练习，帮助学生弄清法则，避免产生混乱与错误。

2. 反思运算错误

教师要认真分析学生学习中的问题，总结出典型错误，加以评述。通过讲评，进行适当的复习与总结，也使学生再经历一次调试与修正的过程，增强识别、改正错误的能力。比如：书写是否认真，格式是否规范，法则应用是否正确，等等。

3. 重视纠错教学

教师应重视学生的纠错教学，帮助学生形成对待学习错误的积极态度，让学生认识到：犯错误是不可避免的，是数学学习的必经阶段，但在学习过程中必须重视错误，认识自己所犯错误的原因，在不断纠错中培养自身的反思习惯。在教学中，教师通过课堂提问及时了解学生情况，对学生的错误回答，分析其原因，进行针对性讲解，利用反面知识巩固正面知识。真正教给学生揭示错误、排除错误的手段，使学生会识别错误、改正错误。

总之，学生运算能力的培养是一项复杂而又细致的工作。每一位数学教师只有认真去研究学生的错误类型，反思错误原因，找到一套适合自己的培养学生运算能力的教学方法，并在教学中不断实践，不断完善，持之以恒，学生的运算能力才能得到真正的提高。

第四章

"由感而悟"品数学的教学策略

针对"由感而悟"数学课堂中促进学生有效感悟的基本路径,我们可以从以下三个方面探索"由感而悟"品数学的基本策略。

一、启发诱导式策略

为了有效地激起学生的感悟思维,促进学生积极感悟,提升学生感悟能力,教学中需要充分发挥教师的机智,寻求适当时机加以启发诱导,提升学生的感悟能力。孔子曰:"不愤不启,不悱不发。"作为教师要善于抓住学生的"愤""悱"之机巧妙暗示,指点迷津,使之茅塞顿开,豁然开朗。启发诱导最重要的就是"抓住悟机,把握悟缘"。

二、问题导向式策略

在"由感而悟"的数学课堂教学中,教师通常以问题的形式促进学生积极感悟。问题导向主要有三种形式:一是教师通过设置疑问,以问答的方式引导学生积极投入和深入思考;二是以悬置问题的方式,让学生带着问题学习,在学习中主动探索知识,在探索中形成真实的体验和感悟;三是鼓励学生自己发现问题,使学生在发现问题中感受问题的存在,促使"情感冲突",促进"由感而悟"。

三、情境辅助式策略

情境创设是指教师在教学中,根据教学的需要,有意识地准备一定的教学情境,有效激发学生的学习兴趣,使学生在兴趣驱动下充分感悟。合理的情境能够有效促进学生的积极感悟。所以教师要根据学生学习的实际情况,通过一定的教学方法和手段把教材文本中所蕴含的事实情境给还原出来,使学生在"原始"的情境中感受知识的本真和内涵。

根据以上策略,"由感而悟"品数学主要从以下方面开展教学:第一,培养学生的问题意识,养成勤思考的好习惯。要想培养学生的问题意识,其关键在于培养学生的批判性思维。当学生有了这种批评性思维后,再鼓励他们大胆质疑,大胆假设,从而以积极主动的方式不断发现新问题。此外,养成反思总结的好习惯也是培养学生问题意识的有效路径。第二,把思考的权利还给学生,培养他们独立思考的能力。"由感而悟"数学课堂是充分突显学生主体地位的教学形式,它反对教师的"满堂灌",反对教师的"包揽代替",而主张把思考的空间留给学生,让学生亲自感受和体验。教师把更多的机会留给学生,让学生自己思考问题和解决问题,让学生在思考与行动中领悟事理。在此过程中,教师要做的就是在恰当处设疑,留给学生思考,开动学生脑筋,开启学生智慧。因此,教师的行为所起的作用或是抛砖引玉,或是画龙点睛,或是点拨指示,或是点头示意。唯有这样,才能使学生心领神会。第三,巧用"愤""悱"之心,捕捉学生悟机。首先,教师要旁敲侧击加以引领,引发学生想象、激活学生思维、诱发学生创造,鼓励学生具有求同存异的思维习惯。其次,积极引发联想。联想是理解的关键,通过联想能把两个看似不相干的事连接在一起,通过联想能使枯燥无味的文字变得更加丰富多彩,通过联想还能把抽象、遥远、虚拟的文本内容与学生真实、具体的生活经历相连接。第四,鼓励自由想象。数学教学中,教师应大力支持和鼓励学生自由想象,使学生在想象中深刻理解,在想象中延伸课堂,在想象中提升感悟能力。

总之,教的真谛在于导,而学的成功在于悟。数学教学中,应打破传统的灌输式教学设计,让学生的数学学习回归生活,在生活世界中促使学生开启悟的端口,尽情地感受生活、感悟数学。

第一节 加强自主学习的教学策略

自主学习（autonomous learning）也称为自我导向学习（self-directed learning）或自我调节学习（self-regulated learning），是指学习主体充分发挥主观能动性，通过多种手段和途径，进行的有目的、有选择的学习活动，并在教师的指导下通过主观努力获取新知识和增强自己学习能力的一种行为变化过程。

一、自主学习及其特点

自主学习的几种观点：其一，从参与学习的心理成分角度出发，认为自主学习是某些体现了个体能动性和积极性心理品质的集合。只要学习者在这些心理品质上的表现符合某种期望，那么，这种学习就可以被认为是自主学习。美国心理学家齐默尔曼（B. J. Zimmermann）便是此种观点的代表。其二，从学习活动本身的各个组成部分出发，认为自主学习是在学习的过程中体现出来的，如果学习者在学习活动的各个组成部分的自主表现符合某种标准，其程度达到一定的条件，就可以称之为自主学习。其三，从自主学习的名称出发，以自觉性、主动性作为界定自主学习的唯一标准。持这种观点的研究者认为，自主学习是指学习主体根据自己已有的知识基础、工作和家庭情况，自觉地、独立地、主动地、灵活地、有选择地运用不同的方法、手段、方式、媒体去获取知识和技能的活动。

自主学习是学生自己主宰自己的学习。自主学习（自己对自己的学习负责、作主），我要学（内动力），知道怎么学——成为学习主人，进行主动、建构式的学习。自主学习主要有以下四方面特点：其一，学习者参与确定对自己有意义的学习目标的提出，自己制定学习进度，参与设计评价指标；其二，学习者积极发展各种思考策略和学习策略，在解决问题中学习；其三，学习者在学习过程中有情感的投入，学习过程有内动力的支持，能从学习中获得积极的情感体验；其四，学习者在学习过程中对认知活动能够进行自我监控，并做出相应的调适。

二、指导自主学习的内容

指导自主学习指在教师指导下,学生开展自主学习。自主学习的本质是独立学习,自主学习与他主学习相对立,这是关于学习的新类别,也是学习形态的一种新境界,它追求的目标是培养能够自主发展的人。指导自主学习是以弘扬学生主体性为宗旨,以构建体现学生主体地位的新型教学结构为核心的教学模式,主体性是指导自主学习的灵魂和理论依据。

(一)教学方式

指导自主学习教学法把知识授受引向智慧的启迪,使学生的学习由被动转为主动。在教与学的关系上,坚持"先学后教,超前断后",即课前让学生超前于老师的教学进度(至少超前一节,多不封顶)进行独立学习,解决各自现有问题;课堂教学——师生合作解决疑难问题;课后取消作业,解放学生,解除他们课业与精神重负,让他们自由自主地为积极参与明天生机勃勃的课堂教学做准备。在师生关系上,强调教学过程是师生交往的过程,让学生通过师生交往,构建人道、和谐、民主、平等的师生关系,通过交往让学生体验到平等、自由、民主、尊重、信任、友善、理解、宽容与关爱,同时受到激励、鞭策、鼓舞、感化、召唤、指导和建议。

(二)学生参与方式

指导自主学习教学法使学生的参与方式由接受型的静态从学转变为参与型的动态趣知。通过学生的参与,唤起学生对知识的期待,对生活的渴望,引起学生的质疑,培养学生质疑的品质。学生在参与中不断地修正和丰富自己的知识和经历,从而得到个性化发展。指导自主学习对于弘扬学生人格的主动精神,发展学生的各种潜在能力,全面提高学生现代人的素质,切实摆脱当前普遍存在的机械、冷漠、被动、低效的课堂困境,克服学业失败现象和厌学情绪等,具有潜在功能与现实意义。

三、落实指导自主学习的教学策略

教学的目的在于帮助每一个学生进行有效的学习,使之按自己的意向得到尽可能的充分发展。"自主学习"教学法正是以此作为教改目标,在这方面做了许多有益的尝试。下面就笔者在平时教学中如何落实自主学习介绍四种作法：

（一）让学生学会学习、学会思考

教学活动不仅仅是知识的传授和能力的训练，更重要的是师生之间、学生之间的信息传递、情感交流、思维的碰撞。教学活动重在让学生学会学习，学会思考，这是自主学习教改实验的突破口。它从激活学生的学习潜能入手，尝试促进学生自主发展的方法和途径。从满堂灌的课堂教学转型为教会学生"怎样学习""怎样思考"，即让学生掌握学习的"工具"。具体做法是：（1）指导阅读，优化"讲"的过程；（2）引导观察，优化"看"的过程；（3）诱导思维，优化"想"的过程；（4）鼓励质疑，优化"悟"的过程。

（二）把课堂还给学生，让学生成为课堂的真正主人

自主学习教改实验的着力点就是把课堂还给学生，让学生主动参与，并激励他们"动"起来、"活"起来，敢想、敢问、敢说、敢争辩。敢想：就是在课堂上，要创造条件，造成学生总是想在老师的前面，向老师（书本）挑战，让学生在思维运动中训练思维。敢于提出和解决众人"没想到"的问题，敢于对某一问题作出大胆猜测；敢问：关键在于在课堂上营造研讨问题的氛围，激励并引导学生积极地、大胆地把自己异于同学、老师甚至课本的想法和见解提出来；敢说：即在教学中多让学生讲想法，使学生体会到知识不仅是记住结论，而且要学习得到这些结论的想法；敢争辩：通过对问题的探索，展开争论，让学生深层次地理解问题，真正弄懂弄通，从而自觉地、创造性地去应用，去发展。

（三）提倡和指导学生学会写小结、写小论文

学生通过自主学习掌握了知识、培养了能力，那么怎样才能真正变成自己的东西呢？笔者认为学会写小结、小论文至关重要。小结有两种：一种是对知识理解、掌握方面的，另一种是关于某种方法方面的。如果学生经常对所学知识从这两个角度进行小结，对于提高自身的学习、思考能力大有裨益，思维水平将达到相当可观的水平，至于对知识方法的掌握，更非同一般了。小结再上一步，就是小论文。练习写小论文就是开展问题研究，即学生应用自己已掌握的知识，解决超出书本范围的问题，特别是身边的生活问题，这对于学生深入理解知识、培养创新能力、提高思维水平，都

是极富有成效的。因而愈早开始愈好,应该从初一年入手。

（四）对学生各种活动,特别是主动探索的表现给予积极的评价

开展自主学习教改试验发现,课堂教学应尽量给每位学生以更多独立思考、发表意见和交流的机会。一个学生的交流机会越多,自信心越强,喜欢谈看法,愿意参与讨论,并自觉地钻研。因此,在平时教学中应该多鼓励学生探究,让每位学生在学习中都能尝到成功的喜悦,这对于激起他们的探索兴趣,使自主学习更深层次地开展下去,具有深远的意义。

（五）自主学习与网络教学的有机结合

现代技术的不断发展,为多媒体网络教学提供了便利,多媒体网络教学模式与传统的课堂教学模式对比,有着很多优势。(1)多重感官刺激,优于单一感官刺激的学习效果;(2)信息量大、速度快,能在较短的时间内传、存、取或显现大量的语言、图像、影像等信息;(3)反馈及时——能第一时间了解和掌握学生的动态,及时调整教学节奏。这些优势为自主学习教改试验打开了思路,为学生的自主学习开创了新路子。如:如何利用网络教学的多感官刺激强化学生的自主学习,提高学生自主学习的时效性;如何充分利用网络教学信息量大、速度快的优势,为自主学习提供便利,使学生自主学习更具广泛性;如何利用网络教学反馈及时的功能指导自主学习,使自主学习更具可操作性。所有这些课题的研究都是在寻找网络教学与自主学习的最佳结合点。同时,也为新时期自主学习注入了新的活力,为自主学习开创了新路。集美中学开设的信息技术实验班就是对自主学习和网络教学最佳结合的探索,笔者相信经过师生的共同探索,会取得惊人的成绩,因为这是当前教育改革的方向。

（六）自主学习与研究性学习的融会贯通

研究性学习课程已列入高中的必修课,也是本次新课程改革所强调的重点,开展研究性学习已迫在眉睫。所谓研究性学习,是指学生从自己身边和社会生活中提出问题,在教师指导下以个人或小组形式收集材料、处理信息,解决问题的方式进行学习。研究性课程的确立迫使教师角色从知识的传播转向学生学习的组织者、指导者、参与者,使教师的教育理念和教学方式发生了根本性转变,使教育评价重点由关注知识记忆转向重过程、重参与、重创新、重激励,真正实现了教育面向每一个学生的未来发展。那

么,如何让学生一踏入高中就能适应研究性学习呢?笔者个人认为在小学、初中阶段大力开展自主学习至关重要,因为研究性学习是自主学习的深化和延伸,是更深层次的自主学习,也是自主学习的必然结果。同时,研究性学习的深入开展也大大提高了学生自主学习的能力,学生更懂得如何有效地自主学习,为自主学习提供了方向。所以,自主学习和研究性学习是融会贯通的,在自主学习的基础上开展研究性学习是水到渠成的事。

(七)自主学习与创新意识的培养

培养学生的创新意识和创造能力是当今教育改革的重要方向。那么,在教育教学中如何体现创新是教育改革的方向?自主学习教改试验有六个方面的教育、教学思想观念更新作为先导。(1)潜能观:相信学生具有独立学习的巨大潜能。(2)人性观:相信学生具有自我负责的精神以及独立学习和自我实现(创造)的欲望。(3)学生观:首先学生是人,不是容器,其次,学生是发展中的人,不是成人,视学生是不断变化、发展与进步的个体。(4)知识观:知识是智慧的结晶,拥有知识不等于拥有了智慧。(5)教学观:教学——教会学生学习,学习不是简单的感知,被动地接受,而须学生自身积极、能动地建构。(6)评价观:教育评价为教育教学服务,为促进学生的发展服务。自主学习教改试验正是基于以上教育、教学思想的更新,为培养学生的创新意识和创造能力找到了突破口。首先,自主学习主张课堂开放性,利用课堂开放性创设了师生平等交往的课堂氛围,为培养学生创新意识提供了外部环境保障;其次,开放的课堂是创新的源泉。自主学习教改试验把课堂还给学生,让学生主动参与,在课堂上敢想、敢问、敢说、敢争辩,促使学生去创新、去体验创新的乐趣。最后,自主学习使每位学生有了更多独立思考、发表意见和交流的机会,一个学生的交流机会越多,自信心越强,喜欢谈看法,愿意参与讨论,并自觉地钻研。这对于激起他们的探索兴趣,培养创新意识,大有裨益。

四、加强自主学习,实现减负增效

减轻学生过重负担,是中央全面推进素质教育的重大决策,是一项系统工程。笔者认为:加强学生自主学习,是实现减负增效的有效途径。

（一）加强自主学习有助于减轻学生心理负担

北京师范大学校长、心理健康与教育研究所长董奇教授认为，中小学生的学习负担过重不仅体现在学生的课业负担过重，学习内容过难、课程多、辅导材料多、考试频繁等方面，而且还体现在学生学习过程中的沉重心理负担。那么怎样才能减轻学生在学习过程中的沉重心理负担呢？"指导—自主学习"教改实验提供了许多有意义的启示。首先，"指导—自主学习"教改实验重视培养学生良好的学习态度和学习能力，让学生掌握正确的学习方法，使学生乐学、善学、好学，让学生体验到学习的乐趣。在教学上，坚持"先学后教，超前断后"的教学模式，即鼓励学生积极参与课堂教学。在课前，学生先预习并做好自学笔记；在课中，学生积极参与教学过程，展示自己的预习笔记，发表自己的观点，师生之间、学生之间平等地进行讨论；在课后，断然取消课后作业，从而使学生表现出极高的学习兴趣和热情。有助于减轻学生学习的心理压力。其次，"指导—自主学习"教改实验主张课堂开放性，利用课堂的开放性创设了平等的师生关系、和谐的课堂氛围。老师从单纯的知识传授者变成课堂教学的组织者、指导者、促进者、伴奏者，实现了师生双方的人格平等。学生从被动的知识接受者变成学习的主人，他们主动参与课堂教学，敢想、敢问、敢说、敢争辩。所以，在班级中建立了安全、宽松的人际关系氛围是减轻学生心理负担的有效途径。

（二）加强自主学习，摒弃"题海战术"，减轻学生课外作业负担

当前，由补课、家教、教学参考资料失控现象造成的学生额外课业负担迅速上涨，已成为影响学生正常学习、生活、身心健康发展的重要因素。如何从根本上解决这一问题？笔者认为仅靠一些条条框框的规定很难奏效，更重要的是要让学生的学习过程发生根本变化，即从被动学习变成主动学习，自然摒弃"题海战术"，减轻学生课外作业负担。"指导—自主学习"教改试验就是把学生的自主学习和师生的合作机制引进教学过程，使教学结构发生质的变化。它的特点是：其一，超前性（超前于教师授课），区别于传统课外学习的跟随性；其二，建构性（知识结构的重新组合），区别于传统课外学习的复制性。正是以上特点，"指导—自主学习法"自然摒弃了一些重复的模拟练习，减轻了作业负担。

比如:在讲授"因式分解"一章时,在课前,鼓励同学超前预习,并与初一下学期学过的"整式乘除"作对比学习。让同学领会以下几个问题:其一,因式分解有何作用,因式分解与整式乘除有什么区别和联系,并举例。其二,因式分解有几种方法,各举例说明。其三,概括因式分解的一般步骤。让学生预习并在思考以上问题的前提下开展教学。在课中,让同学参与小组讨论、互相出题练习、订正、纠错。从而把学习主动权交还给学生。摒弃了学生课外学习的跟随性和复制性。

(三)加强自主学习,优化课堂模式,提高课堂效率

在学生独立学习的基础上所进行的课堂教学是一种高水平的教学,就学生而言,课堂充满求知欲(问题意识)和表现欲(参与意识),课堂教学因此具有永恒的内在动力。就教师而言,教师再也不能只停留在照本宣科、传授知识的层面上,而必须在发现问题、提炼问题、引导思维、启迪智慧、培养悟性上下功夫。因此,在自主学习基础上的课堂教学是灵活多样的,如:在课堂上设立"小组讨论""记者招待会""课堂小测当场量分""课后 5 分钟静思回顾"等模式,使课堂丰富多彩,吸引了学生注意力,激发了学生的最大潜能,大大提高了课堂效率。

1. 小组讨论

以四人为一个学习小组,成员有好、中、差生合理搭配,活动主要是交流自主学习情况以及教师布置的研讨题目。目的在于解决本课的主要内容以及自学过程中遇到的一些疑难问题。在讨论的过程中进行学生之间的差异互补。如,讲解"等腰三角形性质"时,让学生讨论:等腰三角形的顶角平分线、底边中线和底边上的高有什么关系? 通过讨论和实践,发现它们三线合一,并进一步引导同学提出疑问:等腰三角形底角的平分线和对边上的中线、高是否三线合一? 不重合又有何关系? (结论:等腰三角形两底角平分线相等,两腰上的高、中线相等)引导同学们在讨论中发现问题、解决问题。采用小组讨论摒弃了大量无谓的教学,实现了同学之间差异互补。

2. 记者招待会

记者招待会即学生提问课,实际上是师生提问答疑的过程,是教师回收反馈信息,解决预习、小组讨论中解决不了的疑难问题,也是教师对本节内容精讲的过程。

如:讲授"中心对称图形"时,教学思路是让学生在预习的基础上提出问题,教师在解决问题的同时达到讲授新课的目的。同学提问:(1)中心对称图形与上节课刚学的中心对称有何区别和联系?(2)是否所有正多边形都是中心对称图形?教师通过解答以上问题,特别是对等边三角形、正四边形的对比讲解,可以让学生深刻理解中心对称图形的概念,同时也可以纠正同学思考问题的错误轨迹,最后,得出结论:奇数边的正多边形不是中心对称图形,偶数边的正多边形是中心对称图形。这样的提问课养成了学生设疑的习惯,培养了学生提问的勇气,能及时有效地传递教与学之间的信息,使教与学和谐发展。做到讲有针对性,练有目的性,有效地节省了课堂时间。

3. 课堂小测当场量分

代数课常常是套公式计算,那么在预习基础上的代数课,以小测当场评分,当场订正的方式来教学,效果特别明显。如:讲解二次根式的除法运算时,笔者就在学生课前预先的前提下,出了十道小测题:

$(1) 1\sqrt{1\dfrac{5}{49}}$, $(2)\sqrt{\dfrac{3}{100}}$, $(3)\sqrt{\dfrac{25x^4}{9y^2}}$, $(4)\dfrac{0.04\times144}{0.49\times169}$,

$(5)\dfrac{\sqrt{72}}{\sqrt{6}}$, $(6)\sqrt{1\dfrac{1}{2}}\div\sqrt{\dfrac{1}{6}}$, $(7)\dfrac{2\sqrt{x^2y}}{3\sqrt{xy}}$,

$(8)\dfrac{-4\sqrt{2}}{3\sqrt{7}}$, $(9)\dfrac{25}{\sqrt{a+b}}$, $(10)\sqrt{18}\div(\sqrt{8}\cdot\sqrt{27})$

然后让学生总结:(1)哪些题属于复习上节课的题目?用什么公式?(2)哪些题属于本节课内容?用什么公式?(3)本节课中分式除法和分母有理化有何异同?通过以上十题的小测、评分、纠错、归纳。可以较深入、快速地完成本节课的教学任务。(4)课后 5 分钟静思回顾:这已成为笔者平常教学的一个习惯,主要用于回顾本节课主要内容,归纳本节课的知识点,过滤出未掌握或模糊的问题,以便课后有针对性地加以巩固。

4. 加强自主学习,有利于全面提高学生数学素质

"指导自主学习"教改实验侧重于指导学生掌握思维方法,提高学生"会学"素质,从激活学生的学习潜能入手,尝试找到促进学生自主发展的方法和途径。从满堂灌的课堂教学转型为教会学生"怎样学习",即让学生掌握学习的"工具",具体做法是:(1)指导阅读,做好自学笔记,提高学生抽

象与概括的思维能力;(2)引导观察、发现问题,培养学生分析综合的思维能力;(3)诱导思维,启发思考,培养学生归纳与演绎的思维能力;(4)鼓励质疑,培养学生比较对照的思维能力。下面我们来看看在学习"分式方程应用题"时的这个例题,体验一下这些做法。

例题:农机厂职工到距工厂15千米的生产队抢修农机,部分人骑自行车先走,40分钟后。其余的人乘汽车出发,结果他们同时到达,已知汽车的速度是自行车的3倍,求两种车的速度。教师可从以下三个层次进行指导。

(1)指导阅读,归纳习题

①题中已知什么? 未知什么? 求什么?

②题中有哪些数量关系?

将题中的数量关系归纳成表 4-1-1。

表 4-1-1　自行车与汽车的行驶数据

交通工具	速度(千米/小时)	路程(千米)	时间(小时)
自行车	x	15	$\frac{15}{x}$
汽车	$3x$	15	$\frac{15}{3x}$

(2)诱导思维,找出数量关系

$$汽车所用时间＝自行车所用时间－\frac{2}{3}时$$

(3)鼓励质疑,归纳总结

①列分式方程的一般步骤是什么?

②列分式方程的关键是什么?

③解分式方程应用题与解一元一次、二元一次方程应用题有何区别和联系?

总之,中小学课业负担过重,是当前学校突出问题之一,造成这种现象的原因十分复杂。以上仅从如何加强自主学习的层面谈了自己的四点认识,总结得尚不全面、深入,有待于今后进一步研究、探索,加以充实。

第二节　激发学习动力的教学策略

激发学生学习动力的总体策略:用兴趣引导学生,用方法激活学生,用赞赏鼓励学生。本节从以下六方面加以阐述。

一、课堂教学理念

在教学的起点上尽量要求低一点,不要在起点上落下一个学生,即遵从"小坡度、小难度、小密度、缓提速"的课堂教学理念。所以,课堂教学要针对学生的实际,夯实基础。坚持"抓反复,反复抓",严格控制差生面,在学好"本"的基础上再谈拓展。

二、用"导学案"搭桥,"先学后教,每课学会"

"导学案"不是一般意义上的练习题,而是由学法、重点、背景、问题、练习组成的学习材料。使用好"导学案"能够最大限度地引导学生去感悟数学,告诉学生怎么学数学。同时,也让学生带着问题进课堂,带着方法出课堂。"导学案"的产生源于教材与学生练习不配套,学生反映课可以听懂,但作业不会做,课与作业之间跨度比较大。"导学案"就是搭建了课堂与作业之间的学习桥梁,"导学案"的使用,真正实现了"先学后教,每课学会"的目标。

使用"导学案"的目的:其一,给学生更多的时间,让学生参与自学。在一定程度上讲,学生的自学有时比教师讲更有收获,更有助于学生能力的提高。其二,"导学案"改变了"老师一言堂"的做法,让学生真正成为"学习的主人"。实现了"教是为了不教"这个目标。其三,"导学案"强调让学习"带着问题进教室,带着方法出课堂",真正教给学生学习的智慧。

三、课堂教学——学会、会学

课堂教学教什么? 笔者认为,从学生"掌握知识的层面"可以把知识分为三类。一是不教也会的知识;二是教了就会的知识;三是教了也不会的知识。为了不让教学活动做无用功,"学生能懂""能自学"的知识,老师可以不讲,教师应该根据学生实际教授"教了就会的知识"。

如何评价课堂教学?笔者觉得,课堂教学要"透过学生看教师,透过学习看教学"。教师不是不懂自己,而是不懂学生。真诚并真实地了解学生的生活和学习状态;通过体味"自己的学生时代"去感受学生;通过反思自己今天的"学习过程"去体会学习的本质意义。教师不是不懂教学,而是不懂学习;教学是为了帮助学习,因此了解学习成为开展教学的前提。教学既是科学又是艺术,"怎么教"是艺术,"教什么"是科学。艺术多是天赋,科学多是智慧;天赋不可学,科学可研究。

四、让学生带着问题进教室,让老师带着方法出课堂

问题是人类进步的起点。要在课堂上有所进步,学生必须带着问题进教室,这就需要教师抓学生的预习,让学生在自主学习中产生问题,在课堂教学中解决问题。要让学生明白课堂就是出错的地方,所以教学设计应该依据学生的学习情况,尽量设计问题,充分发挥学生的潜能,在课堂上尽可能启迪学生的问题意识,通过解决问题启迪学生的智慧。比如:课堂教学中抓第一思维点,即学和教中的第一个问题,缩小教与学过程中师生思维的差距。教师要善于站在学生的角度想问题,做到角色互换,想想学生需要什么,变老师的预设为学生的问题生成,不以教师的问题替代学生的问题,构建"问题生成—猜想和假设—资料收集—探究验证—结论表达—问题延伸"的教学模式。

五、让"作业和考试"成为激励学习的手段

作业要求:发(布)必收,收必改,改必评,评必励,错必纠。教师要严格控制作业量,各学科保持作业量的平衡,重视分层布置作业。要求作业当天完成,当天反馈,坚持每天面批几个学生,让每个学生都及时纠错。

考试要求:考试是手段,是激励,是反思。所以,必须控制好考试难度,平时考试难度系数一般在 $0.75\sim0.8$ 之间,合格率必须达到 90%,班级的平均分正负误差不超过 5 分。考试后,要及时进行试卷分析,尤其是对试题中丢分的分析,并对学生进行谈话,及时反馈情况。对不及格的学生及

时进行补考,做到考后一百分。

六、以学生为主体开展教学评价

评价维度一:学生的主体作用是否得到充分发挥,即学生参与活动程度如何。

(1)学生参与活动态度:对问题背景的关注程度如何? 参与活动积极性情况如何?

(2)学生参与活动深度:能否提出有意义的问题或发表个人见解;能否按要求操作;能否倾听、协作、分享。

(3)学生参与活动广度:学生参与活动的面广吗? 方式是否多样? 时间是否充分?

评价维度二:教师的主导作用是否得到充分体现,即教学设计有否促进学生的发展。

(1)有否改变教学内容呈现方式?

(2)有否开发课程资源?

(3)教学设计是否富有启发性、科学性?

(4)是否关注学生理性思维的培养?

第三节　激活数学课堂的教学策略

课堂教学是教学工作的中心环节,也是实施素质教育的主阵地。如何把握好、利用好课堂,是提高教学质量、实施素质教育的关键。在开展"指导自主学习"教改实验过程中,笔者对课堂教学进行了一些新的尝试和探讨,认为实施素质教育关键在于优化课堂,让学生动脑又动手。

一、注重变化,强化学生动脑训练

《义务教育数学课程标准(2011 年版)》特别强调重视初中学生的创新意识和创造能力的培养。而动脑是培养学生创新意识和创造能力的基础和源泉。下面介绍平时在课堂教学中开展动脑训练的几种做法。

（一）对数学课本中的定理、例题、习题等进行换位思考，促使学生多动脑

例如：在讲解垂径定理时，引导同学分析定理：垂直于弦的直径平分弦，并且平分弦所对的两条弧。题设条件：① 过圆心，② 垂直于弦。结论：③ 平分弦，④ 平分弦所对的优弧，⑤ 平分弦所对的劣弧。把定理中的条件与结论换位，任何两个命题作题设是否都可推出另外三条结论呢？如：① 过圆心＋③ 平分弦（弦不是直径）⇒② 垂直于弦，④ 平分弦所对的优弧，⑤ 平分弦所对的劣弧。再让学生思考如何去判断其真假。事实上以上命题都为真命题，在证题中常作为一种结论采用。

（二）一题多变，培养思维灵活性

在变式过程中，一方面如果条件不变，还可以推出哪些结论？另一方面是条件改变，原结论是否成立？若不成立，能推出怎样的新结论？还可以将结论改变，寻求条件的相应变化。

例如：几何作业（第三册第 84 页第 2 题）如图 4-3-1，AB 是 ⊙O 的直径，CD 是弦，$AE \perp CD$，垂足为 E，$BF \perp CD$，垂足为 F。求证：$EC = DF$。

变化（一）：题目不变，图形变（如图 4-3-2）。求证：$AE = BF$。

变化（二）：加条件 $AB = 10$，$CD = 6$（如图 4-3-2）。求 $AE + BF$。

变化（三）：加条件 CD 为切线（如图 4-3-3）。求证：$AC + BD = AB$。

变化（四）：加条件 $AC + BD = AB$（如图 4-3-3）。求证：CD 为切线。

通过一题多变，让学生学会观察和分析，在变化中寻找共同点，对训练学生思维的灵活性大有裨益。

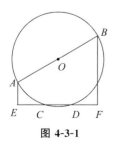

图 4-3-1

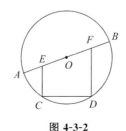

图 4-3-2

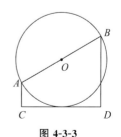

图 4-3-3

（三）引导发现，活跃思维

教师可以有意识地提供题组练习，让学生去领悟、去感受、去探索。

例如：讲解圆的外切四边形的两组对边之和相等时，可以引导同学去探寻圆外切六边形是否对边之和相等呢？甚至圆外切 $2n$ 边形也具有相同性质吗？（注：$2n(n \geqslant 3)$ 边形的对边指不相邻边）又知学生在证明顺次连接四边形各边中点组成平行四边形之后，提出若四边形改为平行四边形、矩形、菱形、正方形、等腰梯形，则结论如何变化。导致变化的关键是什么？反过来，若顺次连结四边形中点组成了正方形、菱形、矩形等，则对条件有何要求呢？这样让学生观察分析，类此推测，挖掘新的知识增长点，以达到活跃思维的目的。

（四）举一思三，学会发散思考

在课堂教学中，引导同学从不同方向、不同角度进行思考，多端输出，灵活变化，是训练多动脑的好方法。

例如：求 b、c 的值，使下面的恒等式成立：$x^2+3x+2=(x-1)^2+b(x-1)+c$。根据这题进行发散思考：

发散（一）：依据恒等式定义，对 x 的任意值等式都成立，设 $x=1$ 代入等式，得 $1^2+3 \times 1+2=0^2+b \times 0+c$，得出 $c=6$，再设 $x=0$ 代入等式得：$0^2+3 \times 0+2=1^2+(-1)b+c$，把 $c=6$ 代入得出 $b=5$。$\therefore x^2+3x+2=(x-1)^2+5(x-1)+6$。

发散（二）：把右边展开：$x^2+3x+2=(x-1)^2+b(x-1)+c=x^2-(2-b)x+(1-b+c)$，比较等号两边同类项的系数，得：

$$\begin{cases} (2-b)=-3 \\ 1-b+c=2 \end{cases} \quad \begin{cases} b=5 \\ c=6 \end{cases}$$

$\therefore x^2+3x+2=(x-1)^2+5(x-1)+6$。

发散（三）：把左边配方，凑成 $x-1$ 的二次三项式：

$x^2+3x+2=x^2-2x+1+5x-5+6=(x-1)^2+5(x-1)+6$，

$\therefore b=5, c=6$

发散（四）：令 $y=x-1$，则 $x=y+1$，

$\therefore x^2+3x+2=(y+1)^2+3(y+1)+2=y^2+5y+6.$，又把 $y=x-1$ 代入上式，即 $x+3x+2=(x-1)^2+5(x-1)+6$。

$\therefore b=5, c=6$。

通过一题多解训练，培养了学生的发散性思维。因此，课堂教学注重变化，引导学生敢于质疑、善于思索，勤于思考，勇于创新，是培养学生多动脑的策略之一，是实施素质教育的根本保证。

二、加强数学课的实践环节，强化动手训练

《义务教育数学课程标准（2011 年版）》提出：数学不仅是思维科学，也是实验科学。数学中的推理，不仅包括分析、综合、抽象、概括等演绎推理方式，而且包括观察、实验、猜想、调整等合理推理方式。因此数学课应该增加实践环节，强化动手训练，让学生试一试，在"试"中思索，"试"中理解。

如教"轴对称图形"时，可取一张纸先对折，并把对折后的纸随意剪成一种形状，然后展开，根据图形特征给出轴对称图形的概念。讲解《三角形三边关系》时，先让学生准备三组长度不同的木棒，然后让学生把三组木棒拼成三角形，看一看是否能拼成三角形。让学生在拼的过程中总结出三角形的三边关系。又如在教解直角三角形测量旗杆的高度问题时，可以让学生利用课余时间自制测试测量工具，如测角器等。充分发挥他们的想象力，鼓励学生先大胆评议，选出几件测量较精密的仪器。其次，还可以利用计算机做模拟实验，增加学生动手机会。例如：在讲解三角形内角和定理时，常规教学都是直接告诉学生内角和为 $180°$，"为什么不让学生自己去发现呢？"发挥《几何画板》的作用进行数学模拟实验，就能收到意想不到的效果。具体做法：在画板上画出一个 $\triangle ABC$，然后从"测量"菜单中选择"角度"，测量 $\angle ABC$、$\angle ACB$、$\angle CAB$ 的角度大小，计算 $\angle ABC + \angle ACB + \angle CAB$，最后拖动三角形，可以发现三角形改变时，它的内角和是不变的。

从以上几个例子可以看出，在一定的问题背景下，学生自己动手实验、观察、比较、归纳，亲身经历了数学建构过程，所有的新知识，通过自身的"再创造"，纳入自己的认知结构中，成为有效而能发展的知识，彻底改变了以讲授"现成结果"为主、以"灌输"为特征的传统的数学教学模式，真正在

课堂教学中实施了素质教育。

总之,数学课注重变化,是培养学生多动脑的策略之一,加强实践环节,是强化动手训练的根本保证。动脑又动手,是课堂实施素质教育的有效途径。

第四节　促进数学理解的教学策略

数学教学是促进学生知识理解,增加学生活动经验,提升学生数学素养的实践活动。本节针对初中数学教学现状,提出"促进数学理解"的教学主张。并以"三角形全等(SAS)"教学为例,阐述在数学课堂教学中如何进行课堂教学设计与实践促进数学理解。让学生学会学习,学会思考,学会解决问题。

《义务教育数学课程标准(2011年版)》指出:"学生掌握数学知识,不能依赖死记硬背,而应以理解为基础,并在知识的应用中不断巩固和深化。"正如莫理斯·比格所说:教学应该是探究比解释更重要,激起兴趣比召唤更重要。就是说,教学生怎样思考比思考什么更重要,教学应该被看作是教师与学生对有关知识领域的探究。因此,笔者认为,数学教学应该是促进学生知识理解、增加学生活动经验、提升学生数学素养的实践活动。

一、目前数学教学现状

通过调查发现,目前数学教学存在的主要问题:教师对学生的学习体验重视不够;"结果"成为学生学习的价值判断;"记忆"成为学生学习的主要方式。究其原因主要有以下方面:教学材料不够生动影响学生的数学理解;教学方式单一影响学生的数学理解;学生"理解意向"不强影响他们的数学理解;学生原有认知水平较低影响他们的数学理解;等等。

长此以往,对数学理解的偏差和不及现象将导致学生数学理解能力丧失,直接影响受教育者素质的全面发展,不利于学生提出问题和解决问题能力的提高,不利于培养学生的数学核心素养。基于此,笔者提出了"促进数学理解"的教学主张。

二、促进数学理解的教学

(一) 数学理解的含义

华东师范大学数学学院教授李士锜认为"学习一个数学概念、原理、法则,如果在心理上能组织起适当的有效的认知结构,并使之成为个人内部知识网络的一部分,那么才说明是理解了。"鉴于此,数学理解至少包含这样几层意义:知识的理解必须有一定的心理基础;必须选择和调动起相对称的认知图式,是一个信息或要素组织的过程;数学理解是一个动态过程,是认知结构的建构和知识意义的建构过程。

(二)"促进数学理解"的教学

促进学生数学理解是课堂教学的一个重要目标。主要包括:需要理解什么,怎么理解,达到什么样的理解程度,从哪些方面促进学生数学理解。作为教师,应该从理解数学、理解学生、理解教学等三个方面促进学生的数学理解。具体地说,就是在新课程理念指导下,研究教材,读懂学生,充分利用现代技术,促进理解目标的达成。理解教材就是以知识为载体,在对文本做深入解读的基础上掌握教材所呈现的各类信息;从教材的点、线、面、体等不同层面加以理解,实现"教教材"向"用教材教"的转变。理解学生就是充分认识学生的认知基础与心理基础。美国教育心理学家奥苏贝尔说:"影响学生最重要的原因是学生已经知道了什么,我们应当根据学生原有的知识状况进行教学。"因此,重视学生已有知识经验的生长,创新学生对数学理解的方式,是促进学生数学理解的关键。

"促进数学理解"的课堂教学任务主要包括:如何提出本节课的问题,如何解决本节课的问题,如何建立解决问题的一般方法,即让学生学会提出问题,学会寻找解决问题的办法,学会建立解决问题的一般方法,等等。

三、如何促进数学理解

下面,以"三角形全等"教学为例,谈谈促进数学理解的课堂教学设计与实践。

（一）创设问题情境，促进数学理解

教材中很多新课的引入都是提出一个来源于生活的问题情境。在教学实践中，把那些与学生生活实际相去甚远的教学情境改编为学生熟悉的、看得见摸得着的情境，有利于激发学生对所学内容的兴趣。

教学设计：第一站——数学阅读

数学课本中的语言通常是文字语言、数学符号语言、图形语言的交融。数学阅读重在能把数学语言转化成自己的语言，而加以理解领会，即学会"用你自己的语言来阐述问题"。

比如：在"三角形全等"的教学中，要求学生预习课本，并回答下列问题。

问题情境：在两个三角形中，有两条边和一个角分别对应相等，这两个三角形一定全等吗？

数学理解：学生通过预习，首先理解"有两条边和一个角分别对应相等的两个三角形"的含义。然后提出问题：有两条边和一个角分别对应相等的两个三角形一定全等吗？针对这一问题，你如何把文字语言转化为数学符号语言、图形语言？准备如何解决？

（二）重视知识迁移，促进数学理解

波利亚认为，学生学习任何知识的最佳途径都是由自己去发现，因为这种发现最深刻，也最容易掌握其中的内在规律、性质和联系。因此，在新知探索环节，教师应该充分利用教材中的情境图，促进学生深入思考，让数学知识通过学生已有知识经验的正迁移，自然纳入自身的认知结构中。

教学设计：第二站——数学思维

知识迁移：（1）为了探索三角形全等的条件，考虑两个三角形有三组元素对应相等，此时会出现几种情况？（2）两条边和一个角分别对应相等的两个三角形一定全等吗？

数学理解：让学生思考三个问题。（1）以往学习中有没有遇见过类似的问题？（2）要解决什么问题？想怎么解决？（3）解决的过程有什么规律？

（三）把握知识联系，促进数学理解

数学知识的学习应当根植于学生的经验之中，当学生对学习知识有困难时，应该从学习者的心理基础与认知水平出发，引导学生联系自己已有的知识和经验，组织特定的数学学习活动，让学习者经历知识产生、发展和形成的过程，从而揭示数学的本质。

教学设计：第三站——数学实验

数学探究：两边和它们的夹角对应相等的两个三角形是否全等？

动手试一试：如图4-4-1，已知：$\triangle ABC$，画一个$\triangle A'B'C'$，使 $A'B'=AB$，$A'C'=AC$，$\angle A'=\angle A$。

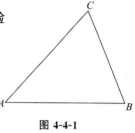

图 4-4-1

观察发现：把$\triangle A'B'C'$剪下来放到$\triangle ABC$上，观察$\triangle A'B'C'$与$\triangle ABC$是否能够完全重合。

归纳：由上面的画图和实验可以得出判定三角形全等的简单方法。

基本事实：两边和它们的夹角对应相等的两个三角形全等（可以简写成"＿＿＿＿＿"或"＿＿＿＿＿"）。

用数学语言表述三角形全等的判定：如图4-4-2，在$\triangle ABC$和$\triangle A'B'C'$中，

$$\because \begin{cases} AB=A'B' \\ \angle B=\underline{\quad\quad} \\ BC=\underline{\quad\quad} \end{cases}$$

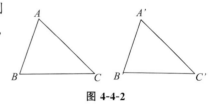

图 4-4-2

$\therefore \triangle ABC \cong ($＿＿＿＿＿＿$)$

练习：如图4-4-3，$OA=OD$，$OB=OC$，求证：$\triangle AOB \cong \triangle DOC$。

证明：在$\triangle AOB$和$\triangle DOC$中

$\because AO=DO$，$BO=CO$（已知）

＿＿＿＿＿＿＿＿$=$＿＿＿＿＿＿＿＿（＿＿＿＿＿＿＿＿＿）

$\therefore \triangle AOB \cong \triangle DOC($＿＿＿＿＿＿＿$)$

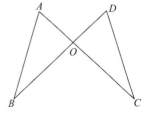

图 4-4-3

（四）培养数学素养，促进数学理解

数学教学的重要使命是让学生通过数学学习学会"数学地思考问题"。因此，在数学教学中，教师要充分暴露学生自然的思维过程，激发学生思考争辩，鼓励多维交流，让他们在尝试、探索、解惑的过程中，在不同角度、不同层次的理解中，不断修正自己的观点，逐渐发现事物的本质，获得对知识的深入理解。

教学设计：第四站——数学实践

当堂检测

（1）在△ABC 和△A'B'C'中，$AB = A'B'$，$\angle A = A'$，要使，$\triangle ABC \cong \triangle A'B'C'$，则须增加的条件为＿＿＿＿＿＿。

（2）如图 4-4-4，$AD \perp BC$，D 为 BC 的中点，那么结论错误的有（　　）。

A. $\triangle ABD \cong \triangle ACD$

B. $\angle B = \angle C$

C. AD 平分 $\angle BAC$

D. $\triangle ABC$ 是等边三角形

图 4-4-4

（3）已知：如图 4-4-5，$AB = AD$，$AC = AE$，$\angle BAD = \angle CAE$。

求证：$BC = DE$。

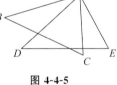

图 4-4-5

检测反馈：对于会做的题，应该进行归纳总结，哪些题是同一类型的，它们有什么规律；对于不会做的题，应该思考为什么不会解，在解题过程中发现了什么，哪些东西没见过。

（五）注重课堂反思，促进数学理解

所谓反思，就是从一个新的角度，多层次、多角度地对问题及解决问题的思维过程进行全面的考察、分析和思考，从而深化对问题的理解，促进知识的同化和迁移，进而产生新的发现。在数学教学中，通过反思可以引导学生追踪数学家的思维行踪，像数学家一样思考问题；通过反思可以拓宽思路，优化解法，完善思维过程；通过反思可以沟通新旧知识的联系，促进知识的同化和迁移；通过反思可以深化对知识的理解，并探究新的发现。

教学设计:第五站——数学反思

课堂反思:(1)由 SAS 判定三角形全等,你能想到其他方法判定三角形全等吗?仿照 SAS 的推导过程探究其他方法。(2)对照学习目标谈谈这节课你们有什么收获,还有什么疑惑。

总之,数学理解是数学学习最为关键的环节,没有理解就没有深刻的思考;没有数学理解就没有数学素养的提升。因此,在课堂教学中,教师必须促进数学理解,让学生学会学习,学会思考,学会解决问题。

第五节 培养创新意识的教学策略

《面向 21 世纪教育振兴行动计划》中特别强调一代新人应该具备创新意识和创造能力,因此培养学生创新意识和创造能力的问题正成为广大教师探索的一个热点。那么,如何在中学数学教学中培养学生的创新意识呢?

一、营造平等和谐的课堂氛围,是培养学生创新意识的前提

创新,顾名思义是前人所未曾想过、做过的,创新常常突破旧的传统观念,打破旧的平衡格局。因此,创新者的思想和行为,难免不为一般人所接受。这就需要一个能容纳不同的思想和行为方式的教学民主氛围。因此,在课堂教学活动中,必须建立一种平等、指导性的新型师生关系。这种平等和谐的关系具有两种效应:其一,宽松,师生有一种宽松、安全感,同学能够无拘无束、愉快地学习,从而能最大限度地激发学生的聪明才智和创造性;其二,期待,教师对每一个学生充满信任和期待,就会使学生得到一种潜在的鼓舞和力量,促使他们充分发挥本身的最大潜能去创新、去发现。

"由感而悟"品数学主张课堂开放性,利用课堂的开放性创设了平等的师生关系、和谐的课堂氛围。其一,在师与生的关系上,实现了师生双方的人格平等,老师从单纯知识的传授者变成课堂教学的组织者、指导者、促进

者、伴奏者;其二,开展小组学习使学生在人际交往中产生心理相容,在班级中建立了和谐的人际关系。正是在这种情境下,学生有了"安全感",敢想、敢问、敢说、敢争辩,思维敏捷,大胆创新。

二、让学生在课堂上学会学习、学会思考,是培养创新意识的基础

课堂教学活动,不仅仅是知识的传授和能力的训练,更重要的是师生之间、学生之间的信息传递、情感交流、思维碰撞。课堂教学活动,重在让学生学会学习,学会思考,这是培养创新意识的基础。"由感而悟"品数学正是从激活学生的学习潜能入手,尝试促进学生自主发展的方法和途径。从那满堂灌的课堂教学转型为教会学生"怎样学习",即让学生掌握学习的"工具"。具体做法是:(1)指导阅读,优化"讲"过程;(2)引导观察,优化"看"的过程;(3)诱导思维,优化"想"的过程;(4)鼓励质疑,优化"悟"的过程。

现以二元一次方程组的应用教学为例。

代数第一册(下)第32页例3:甲、乙两人相距6 km,两人同时出发,同向而行,甲3小时可追上乙;相向而行,1小时相遇。两人的平均速度各是多少?

(1)指导阅读,提出问题

①题中已知什么? 未知什么? 求什么?

②题中有哪些数量关系?

(2)引导观察,找出条件

由题中"同向而行""相向而行"字眼,判断出本题包含两类问题:相遇问题和追及问题。

(3)诱导思维,找数量关系

同向而行,甲的行程＝乙的行程＋6 km。

相向而行,甲的行程＋乙的行程＝6 km。

(4)鼓励质疑,归纳总结

①列二元一次方程组的一般步骤是什么?

②列二元一次方程组的关键是什么?

③列二元一次方程组解应用题和列一元一次方程解应用题有何区别和联系?

三、让学生在课堂教学活动中"动"起来、"活"起来，是培养创新意识的核心

"由感而悟"品数学的着力点就是把课堂还给学生，让学生主动参与，并激励他们"动"起来，"活"起来；敢想（善于联想、合理猜想），敢问（鼓励质疑），敢说（讲述想法），敢于争辩（课堂讨论），使学生去创新、去体现创新的乐趣。

（一）讲述想法

古往今来无数事实表明，产生一个想法在知识的创新中起着决定性的作用。因此我们在教学中多让学生讲想法，使学生体会到学习数学不仅是记住结论和做题，而且要学习得到这些结论的方法。如，在讲解一元一次不等式时，如何得到解不等式的方法。想法一：由不等式基本性质推广得到；想法二：与解一元一次方程相比较得到。

（二）善于联想

要有所创新，就必须提出和解决众人"没想到"的问题，而这些问题又不是凭空产生的，它包含在很多平常的现象中，只有那些善于"由此思彼"的人才能想到，这种"由此思彼"的联想能力是创新意识的源泉。例如，伽利略看到人们用力推车后，从反面提出问题"如果不用力，车子会怎样？"，发现了惯性；鲁班被齿叶划破了手和衣服，从中受到启发发明了锯子。

在讲解角平分线概念时，书本叙述：如图4-5-1，一条射线 OC 把一个角 $\angle AOB$ 分成两个相等的角，这条射线叫作这个角的平分线。这时有（1）$\angle AOB = 2\angle AOC = 2\angle COB$，（2）$\angle AOC = \angle COB = \dfrac{1}{2}\angle AOB$，观察表达式发现：它与线段的中点概念的表述极其类似。这种思维的联想，使我们自然而然把这两个概念联系起来加以理解、记忆。

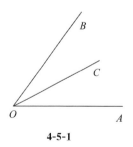

4-5-1

（三）合理猜想

猜想是点燃创新意识的火花,猜想对于创新意识的产生和发展有着极大的作用。因为科学上许多的发现都是凭直觉作出猜想,而后才去加以证明和验证。在数学研究上,"先猜测后证明"是一种规律。

在讲解补角的一个性质——同角或等角的补角相等这一知识点时,可以引导学生猜想同角和等角的余角情况并证明。

（四）鼓励质疑

"学起于思、思起于疑",小疑则小进,大疑则大进,鼓励学生质疑,关键在于营造研讨问题的氛围,激励引导学生积极大胆地把自己异于同学、老师甚至课本的想法和见解提出来,即使是浅显的甚至是不正确的,只要敢于质疑,都有益于学生创新意识的培养。

在讲解线段中点的概念时,如图 4-5-2,点 B 把线段 AC 分成两条相等的线段,点 B 叫作线段 AC 的中点。鼓励学生质疑:

4-5-2

①点 B 是线段 AC 的中点,有 $AC=2AB=2BC$ 。（　　　）

②点 B 是线段 AC 的中点,有 $AB=BC=\frac{1}{2}AC$。（　　　）

③若 $AC=2AB=2BC$,则点 B 是线段 AC 的中点。（　　　）

④若 $AB=BC=\frac{1}{2}AC$,则点 B 是线段 AC 的中点。（　　　）

⑤若 $AB=BC$,则点 B 是线段 AC 的中点。（　　　）

⑥若 $AC=2AB$ 或 $AC=2BC$,则点 B 是线段 AC 的中点。（　　　）

⑦若 $AB=\frac{1}{2}AC$ 或 $BC=\frac{1}{2}AC$,则点 B 是线段 AC 的中点。（　　　）

第六节 培养统计观念的教学策略

随着信息技术的发展,社会生活的方方面面都被大量的信息所充斥,人们常常需要在不确定的情景中做出合理的决策,而任何决策活动都离不开统计知识的运用。从纷繁复杂的信息中高效率地收集、处理数据,整理与分析信息,并做出恰当的选择和判断,是现代社会每个公民必备的素质。

一、什么是统计观念

学生学习统计的核心目标是发展自己的"统计观念"。所谓观念,就不是一种简单的技能,而是需要在亲身经历的过程中培养出来的感觉,它反映的是由一组数据所引发的想法,所推测到的可能结果,自觉地想到运用统计的方法解决有关的问题等等。

统计观念是统计意识、统计技能和统计评判质疑能力的统一体。统计观念可以从以下几个方面得到体现:(1)认识到统计对决策的作用,能从统计的角度思考与数据有关的问题。培养学生有意识地从统计的角度思考有关问题,也就是当遇到有关问题时能主动想到去收集数据和分析数据。(2)能通过收集数据、描述数据、分析数据的过程,做出合理的决策。学生要亲自收集、描述和分析数据,重点是积累经验,并最终将经验转化为观念。根据数据做出大胆而合理的判断,这是数学提供的一个普遍适用而又强有力的思考方式。(3)能对数据的来源、收集和描述数据的方法、由数据得到的结论进行合理的质疑。(4)在教学中教师要注意体现组织者、引导者和合作者的新型角色;合理运用小组合作,引导学生亲身经历简单的数据收集、整理、描述和分析数据的过程,共同协商对统计结果作出判断和预测。注意培养学生交流信息的能力,能运用数学语言合乎逻辑地进行讨论与质疑。

二、怎样培养学生的统计观念

(一)使学生经历统计活动的全过程

"观念"的建立需要人们的亲身经历。要使学生逐步建立统计观念,最有效的方法是让他们真正投入到统计活动的全过程中,提出问题,收集数据,整理数据,分析数据,做出决策,进行交流等。

(二)使学生能读懂统计图

在信息时代,生活中充满了各种数据,这些数据用形象的统计图表来表示。我们在报刊、电视、广播、书籍、互联网等到处可以看到统计图表。所以有人称我们进入了一个"读图时代"。为了能在这个"读图时代"里更好地生存,首先要会读懂图,从大量的图中获取有用的信息,从而做出决策或预测。这也是培养学生统计意识的重要方面。

三、例说统计观念的培养

下面,以"统计的初步认识"为例,从教材简析、教学理念、教学建议、评价方式四方面谈谈统计观念的培养策略。

(一)教材简析

与我国传统的数学课程相比,新教材在教学内容上大大加强了统计和概率的内容。七年级数学(下)第十章"统计的初步认识"就是教材的全新内容。这一章的主要内容有四节:统计的意义;平均数、中位数和众数;平均数和众数的使用;机会的均等与不等。前三节属于统计范畴,后一节属于概率范畴,整章的教学都尽量围绕真实的数据展开。认真分析本章教学内容,笔者觉得这单元教学理念新、教学材料新,体现了新课程标准所指明的各种变化。具体地说,主要有以下三个特点。

1.教学内容问题化,更具思考性

新教材和旧教材相比编排上有一个新的特点,就是对教学内容问题化,通过问题引入新课,通过问题学习新知识,通过问题深化知识。以平均数、中位数和众数为例,以往对它们教学和评价常常停留在教会计算这一较低水平,而这一章则不同,通过许多问题,让学生思考并体会这些数在实际情境中的意义,讨论能否代表这组数据的一般情况,从而了解它们各自的适应范围,在解决具体问题时做到合理选用,引导学生探索这三个统计量的不同性质,以便多角度地认识它们,区分它们。

2.选取的问题贴近学生、贴近时代

为了激发学生的学习兴趣,让学生明了所学知识与现实世界的联系,这一章尽量选取近几年发生在学生身边的事情或是学生感兴趣的游戏为题材,如收集 2000 年第五次全国人口普查得到的某些数据,讨论怎样比较两组成绩,如何判断某个游戏规则的公平性,研究心率与年龄有什么样的关系,等等。在学习解决这些现实问题的同时,学生开阔了视野,增进了对数学价值的认识。

3.教与学的形式以学生合作探索活动为主

这一章的每一节的教学和课外习题中,安排了一些学生可能感兴趣的合作探索活动,如估计他们同龄人一般的步长,池塘里鱼的数量,调查对老师讲课"拖堂"现象的态度,全班估计教师手中绳子的长度,比较两组同学跳绳的成绩,等等。希望学生们通过集体活动和讨论,了解随机抽样的意义和方法,加深对平均数、中位数和众数的理解,感受随机现象背后表现出的规律性。

(二)教学理念

学生是学习的"主人",新课程强调教学必须以学生为主体,倡导自主探索和合作学习,在这一章教学中,笔者觉得要特别重视组织学生开展活动,让学生的兴趣在了解探索任务中产生,让学生的思考在分析真实数据中形成,让学生的理解在集体讨论中加深,让学生的学习在合作探究活动中进行。

(三)教学建议

1.引导学生关注生活,创设问题情境,激发学生兴趣

选择具有丰富的现实背景,符合当地实际的学习材料,创设问题情境,激发学生兴趣,是学好统计相关知识的首要条件。教学中,教师可以引导学生关注生活,从现实生活中找素材,让学生自己提出有关数学问题,通过生生互问、师生互问,唤起学生的"主角"意识,增强学生用统计解决实际问题的欲望。

例如:在学习§10.1统计的意义时,就可以让学生从身边的事例开始,提出问题:①让学生统计本班13、14、15岁学生的人数;②本年级13、14、15岁学生的人数,③厦门市七年级学生13、14、15岁的人数,④全国七年级学生13、14、15岁的人数。通过自己的操作与实践去发现、经历和体会统计的过程,从而弄清人口普查和抽样调查的区别和联系。

2.引导学生开展活动,体验知识的形成过程,提高探究和分析能力

(1)动手实践,自主探索

统计和概率意识的形成是学好这一章的基础。在教学过程中,教师可以引导学生通过各项活动形成统计和概率意识。如通过摸球活动来理解从"部分看全体"的意义;通过统计某次考试学生的成绩情况,来理解和区分平均数、众数和中位数;通过抛掷硬币游戏,来认识"确定与不确定""成功与失败""游戏的公平与不公平"等等。

(2)互相交流,体会过程

集体讨论、互相交流是探索活动的有机组成部分。只有讨论和交流,才能形成多种多样的抽样方案,针锋相对的推测结论,各具特色的陈述理由。如在讲述"平均数、中位数和众数"时,教材最后安排了一个开放性问题,让学生一起来比较两组同学的一分钟跳绳成绩。教学中,教师应尽量鼓励学生发表看法并陈述相应的理由,即便是完全对立的看法,只要有恰当的理由支持,都可以接受。让学生们意识到这是在解决不确定现象问题,答案自然也不必非是确定的,事实上,这一次的跳绳成绩也未必是两组同学跳绳实力的缩影。

3.引导学生进行课题研究,增强学生的创新意识和创造能力

"学以致用"是新课程的一大特征,虽然课本把课题学习放在教学内容之后,但笔者认为基于统计和概率与现实生活中有千丝万缕的联系这个特点,教师应积极引导学生进行课题学习。如教材中所研究的内容"心率与年龄",这是一个了解我们人类自身的课题,希望通过引导学生亲自参与调查,用课堂中学到的知识去探索他们周围的未知世界。让学生自己设计抽样调查的方案,确定调查对象、人数与调查方法,确定选用什么指标来代表一组数据,最后像科学工作者一样写一份简短的报告。通过课题研究,不但让学生懂得了用数学来解决实际问题,同时也提高了他们的创新意识和创造能力。

4.引进现代信息技术,利用计算机提高课堂效率

"统计的初步认识"这一章中,处理数据是一个重要环节,由于统计过

程中数据多、繁、难。建议引进计算机,利用电子表格(Excel)来画统计图,求平均数、中位数和众数,提高课堂效率。

(四)评价方式

"统计的初步知识"在教学方法上积极倡导学生自主探索和合作学习,因此,在对学生的评价方面,也要进行多元化评价,强调评价的日常化和多样化,不但要重视知识水平的考查,还要考查学生的参与程度和各种能力水平。评价时,可以结合以下几点:

(1)知识水平考试。

(2)检查同学日常开展活动、参与集体讨论情况以及语言描述能力等等,做到日常记分。

(3)提供成果展示,评价学生探究能力、分析能力等综合素质。

(4)开展一个课题研究,写一篇小论文,考查用统计解决实际问题的能力。

总之,笔者认为在"统计的初步认识"教学中,教师应力争做到教学内容生活化、教学方法活动化、评价方式多元化。

第五章
"由感而悟"品数学的学法指导

　　英国著名物理学家、科学学学科的奠基人贝尔纳在《科学研究的艺术》中说过:"良好的方法能使我们更好地发挥运用天赋的才能,而拙劣的方法则可能阻碍才能的发挥。"由此可见,学习方法问题,是关系到学习好坏的关键问题。

　　随着素质教育的不断深入及新课程改革的全面实施,反对填鸭式、注入式教学,解放学生的思维,尊重学生的人格,发展学生的独立性、自主性和创造性已成为广大教育工作者的共识。面对新时代人才培养的要求,学生在学习过程中不仅要学习知识,更重要的是掌握学习方法,学会如何学习,实现由"学会"到"会学"的转变,在学习上获得主动、自主和独立。不少老师提出:《义务教育数学课程标准(2011年版)》提倡学生自主学习、自主探究。那么,怎样才能让学生自主学习呢? 在放开学生手脚的同时,我们老师该做些什么? 怎么做? 这是老师们最为关心的问题。

　　本节将从学习方法、学习习惯、学习能力、创新学习等方面谈谈学法指导的问题。主要包括以下四个方面的内容:其一,"由感而悟"品数学的学习习惯培养。包括如何做好初中数学学习的准备;如何培养良好的数学学习习惯;如何减少初中学生解题错误。其二,"由感而悟"品数学各环节的学习方法。包括如何阅读数学课本;如何听好数学课;如何做好数学作业。其三,"由感而悟"品数学的学习能力培养。包括如何激发学习兴趣;建立和谐融洽的师生关系;积极引导学生自主学习。其四,"由感而悟"品数学的中考复习指导。

第一节 "由感而悟"品数学的学习习惯培养

一、如何做好初中数学学习的准备

(一)对初中数学学习的基本认识

1.初中数学学习的特点

从小学升到初中,要尽快适应初中的学习生活,就要了解初中阶段在学习上的一些特点。下面以初中数学为例,说一说初中阶段数学学习的几个主要特点:

和小学相比:知识量加大;知识综合性加强;知识系统性加强;对能力要求加大,如观察、阅读、记忆、思维、想象、操作、表达等能力。

2.初中生在数学学习上的特点

学习的目的性加强;学习的独立性加强;学习的自觉性加强;学习的波动性加大。

3.了解科学的学习方法

《礼记·学记》有这样一段话:"善学者,师逸而功倍,又从而庸之。不善学者,师勤而功半,又从而怨之。"意思是说,善于学习的人,老师很省力,学习可以事半功倍,并能感激老师。不善于学习的人(即学习不得法的人),老师很费力气,但学习效果是事倍功半,老师还要受到埋怨。

(二)重视借鉴别人的学习经验

(1)多看有关总结学习规律和指导学习方法的书。

(2)多向经验丰富的老师和家长请教。

(3)多向优秀学生请教。

(三)新课程下初中数学学习的几种能力

(1)阅读的能力。

（2）查资料的能力。

（3）整理知识点、范例、错题的能力。

二、如何培养良好的数学学习习惯

"习惯是所有伟大的奴仆，也是所有失败者的帮凶，伟大之所以伟大，得益于习惯的鼎力相助，失败者之所以失败，习惯的罪责同样不可推卸。"由此可知，良好的数学学习习惯是提高数学成绩的制胜法宝。

下面谈谈在新课程背景下几种学习习惯的培养。

（一）培养"会看数学书"的习惯

初一新生刚踏入中学校门，让他们学会看数学书很重要。通过看数学书，初步理解教材的基本内容和思路，找出教材中的重、难点和自己不理解的问题。通过对课本知识点的梳理，达到以下要求：（1）能把本课的知识框架及其内涵从头到尾说一遍；（2）能把本课的重、难点从头到尾也说一遍。（3）能把典型例题和习题独立分析一遍或者做一遍。看书的方法：边看边想—查阅学习材料—再看再想—回想一遍—尝试做习题或预习笔记（即用笔记本记录本课的知识点、重点、难点和自己不理解的问题）。

（二）培养"听懂数学课"的习惯

有效听课在于听懂课，听好数学课的关键是开动脑筋，积极思考。做到：听讲专心—思路清晰—及时提问—当堂掌握。学生在听课时力争做到"四个超前"：（1）超前想：老师写出课题后，能在老师讲解之前，想出解决问题的途径和方法；（2）超前做：老师写出例题后，能在老师讲解之前，发现思路，甚至做出结果；（3）超前总结：老师做完解答后，能在老师讲解之前，对解答过程进行反思，做出总结；（4）超前提问：老师做出总结后，能在老师讲解之前，发现问题，提出问题，并且研究问题。

（三）培养"做好数学作业"的习惯

做好数学作业主要有以下三个环节：（1）审好题：一要看题准确，即文字、数学式子、数学符号等要多看、仔细看；二要分得清楚，即能分清题目的条件、结论；三要连得起来，即能找出题目的条件和结论之间的内在联系。（2）做好题：做题时能思路清晰，格式准确，速度较快，并学会独立检查，做到题目准确率高。检查的方法有:逐步检查法、重做法、代入法等。(3)及时纠错:错题能找到错误之处及造成错误的原因,并利用错题本重做,做到经常复习。

三、如何减少初中学生解题错误

减少初中生解题错误的方法是预防和排除干扰。为此,要抓好课前、课内、课后三个环节。

(一)课前准备要有预见性

预防错误的发生,是减少初中学生解题错误的主要方法。讲课之前,教师如果能预见到学生学习本课内容可能产生的错误,就能够在课内讲解时有意识地指出并加以强调,从而有效地控制错误的发生。例如,讲解分式方程之前,要预见到本题要用分数的基本性质与等式的性质,两者有可能混淆,因而要在复习提问时准备一些分数的基本性质与等式的性质的练习,帮助学生弄清两者的不同,避免产生混乱与错误。因此备课时,要仔细研究教科书正文中的防错文字,例题后的注意、小结与复习中应该注意的几个问题等,同时还要揣摩学生学习本课内容的心理过程,授业解惑,使学生预先明了容易出错之处,防患于未然。如果学生出现问题而未察觉,错误没有得到及时的纠正,则贻患无穷,不仅影响当时的学习,还会影响以后的学习。因此,预见错误并有效防范能够为揭示错误、消灭错误打下基础。

(二)课内讲解要有针对性

在课内讲解时,要对学生可能出现的问题进行有针对性的讲解。对于容易混淆的概念,要引导学生用对比的方法,弄清它们的区别和联系。对于规律,应当引导学生搞清它们的来源,分清它们的条件和结论,了解它们的用途和适用范围,以及应用时应注意的问题。教师要给学生展示揭示错误、排除错误的手段,使学生会识别错误、改正错误。要通过课堂提问及时了解学生情况,对学生的错误回答,要分析其原因,进行有针对性讲解,利用反面知识巩固正面知识。课堂练习是发现学生错误的另一条途径,出现问题,及时解决。总之,通过课堂教学,不仅要教会学生知识,而且要使学生学会识别对错,知错能改。

（三）课后讲评要有总结性

要认真分析学生作业中的问题，总结出典型错误，加以评述。通过讲评，进行适当的复习与总结，也使学生再经历一次调试与修正的过程，增强识别、改正错误的能力。

综上所述，学生的学习过程经历了从不知到知，从知之不多到知之较多，其间正确与错误交织，对错误正确对待、认真分析、有效控制，就能够使学生的学习顺利进行，能力逐渐提高。

第二节 "由感而悟"品数学各环节的学习方法

一、如何阅读数学课本

苏联数学教育家斯托利亚尔言："数学教学也就是数学语言的教学。"而语言的学习是离不开阅读的，所以，数学学习也不能离开阅读。初一新生刚踏入中学校门，培养他们阅读数学课本的良好习惯非常重要。那么，如何阅读数学课本呢？下面就此谈谈个人看法。

（一）阅读数学课本要求认真细致

数学语言精练、语句严谨、符号多，包含许多公式、公理、定理、概念、图表等。所以阅读时要求做到对每个句子、每个名词术语、每个图表都应细致地阅读分析，领会其内容、含义。特别对新出现的数学定义、定理一般不能一遍过，要反复仔细阅读，并进行认真分析直至弄懂含义为止。千万不能像阅读一本小说或故事书那样，不注意细节，进行跳阅或只浏览有趣味的段落。

（二）阅读数学课本必须勤思多想

数学语言抽象，逻辑性强，前言后语联系紧密，具有"言必有据"的特点。所以阅读数学课本时，不但要理解数学材料中每一个字、词或句子，领会其内容、含义,更重要的是理解其中的推理和数学含义,体会到其中的数学思想方法,并能正确依据数学原理分析它们之间的逻辑关系,达到对材料的真正理解,形成知识结构。

（三）阅读数学课本要求读写结合

首先,数学的许多概念、定理、公式等都要求记忆,而书写可以加快、加强记忆。所以阅读数学课本时,对重要的内容经常通过书写或做笔记来加强记忆;其次,数学教材简约,数学推理的某些步骤常省略,运算证明过程也常简略,从上一步到下一步跨度大,这也要求用纸笔演算推理来"架桥铺路",以便顺利阅读;最后,阅读数学课本常要求从课文中概括归纳出一些东西,如解题格式、证明思路、知识结构框图,或举一些反例、变式来加深理解,这些往往也要求读者以注脚的形式写在页边上,以便日后复习巩固。

（四）阅读数学课本要学会把数学语言转化为自己的语言

数学课本中的语言通常是文字语言、数学符号语言、图形语言的交融。阅读数学课本重在能把数学语言转化成自己的语言,而加以理解领会。因此,阅读数学课本要学会灵活转化阅读内容。能把一个用抽象表述方式阐述的问题转化成用具体的或不那么抽象的表达方式表述的问题,即用你自己的语言来阐述数学问题。

总之,阅读数学课本,要能做到理解教材的基本内容和思路,找出教材中的重、难点和自己不理解的问题。通过对课本知识点的梳理,达到以下要求:(1) 能把本课的知识框架及其内涵从头到尾说一遍;(2) 能把本课的重、难点从头到尾也说一遍;(3)能把典型例题和习题独立分析一遍或者做一遍。

二、如何听好数学课

初一新生刚进入中学,普遍反映学数学较为困难。笔者觉得初中阶段学好数学的关键是学会听数学课。所以,如何养成良好的听课习惯是初一新生迫切需要解决的问题。下面谈谈如何培养听数学课的好习惯。

（一）养成"想听课"的习惯

想听课,即培养学生良好的课前准备的习惯,让学生尽快进入课堂听课状态。学生需要做到：(1)心理准备：数学课往往较枯燥，有的学生一上数学课就觉得腻烦。所以在心理上一定要做好心理暗示，让自己喜欢数学课；(2)知识准备：储备好学习新课所需的旧知识；(3)物质准备：上数学课需要的数学书、练习本、笔记本、作图工具等；(4)身体准备：精神好，精力充沛。

(二)培养"懂听课"习惯

懂听课，即学会了听懂数学课的方法，是最有效的听课方式。在听课前，能坚持预习，做好预习笔记，并带着问题进入课堂；在课堂上很快进入学习状态，听课时思路清晰，开动脑筋，积极思考，及时提问；对课堂练习能当堂完成，及时纠错，当堂掌握；在课后，能回忆课堂的主要内容，整理听课笔记，对课堂遗留的问题能及时解决。

三、如何做好数学作业

初一新生从小学升到初中，由于知识量加大、知识综合性加强、知识系统性加强，数学作业的量和难度也自然加大，初一新生普遍感到做数学作业较为困难。本节围绕"新课程背景下如何做好数学作业"做一些探讨和研究。

(一)做好作业前的准备

做作业的目的：一是巩固所学知识，二是应用所学知识解决新问题。所以做作业前必须先深入复习，抓住所学内容的重点和难点，掌握基本思想方法和技能技巧，对定义、定理、公式在理解的基础上进行识记，并对某些问题深入思考，以求透彻理解和灵活运用。这样，做作业时才会有解题思路，或有自己的创新解法。

(二)养成良好的作业习惯

(1)把握好做数学作业三个环节：① 审好题：一要看题准确，即文字、数学式子、数学符号等不多看、少看或漏看；二要分得清楚，即能分清题目的条件、结论；三要连得起来，即能找出题目的条件和结论之间的内在联系。② 做好题：做题时能思路清晰、格式准确、速度较快，并学会独立检查，使题目准确率高，检查的方法有：逐步检查法，重做法、代入法等。③ 及时纠错：

对于错题能找到错误之处及造成错误的原因,并利用错题本重做,做到经常复习。

(2)养成独立思考的作业习惯:做作业贵在独立思考。不经过认真思考获得的知识是不扎实的,"懂得快,忘得也快"。所以对不会做的题目,要多变换角度去思考、尝试,设法沟通已知与未知的联系。直到实在解不出时,才和同学讨论或问老师,直到把它彻底解决。千万不要抄作业,给老师发出错误信息,认为同学们掌握了,就不评讲了,把问题掩盖过去。

(3)养成"一气呵成"的解题习惯:在做作业时,尽量不要一会儿由于思路不通翻书看书或看笔记(遇到难题时也未尝不可),一会儿由于记不住公式翻书看公式。这样很难记清公式,很难找到解题思路,也很难巩固所学知识,达不到做作业的目的。

(三)让学生"爱"上数学作业

"由感而悟"品数学的教学实践发现:我们的课堂变了,教师讲少了,学生活了,动起来了。特别在作业的设置上,我们进行了大刀阔斧的改革。怎样的作业会吸引学生?怎样的作业能达到"减负增效"的目的?怎样的作业能发挥学生的才能、展现他们的个性?这是数学教研组重点研讨的问题。下面就此结合教学实践谈几点做法。

1. 设计前置作业

前置作业就是前置性小研究,指的是教师向学生讲授新课之前,让学生根据自己的知识水平和生活经验所进行的尝试性学习。它是教师"导"的过程,以问题形式出现,并对本节内容进行引导,让学生理清学习路线图,从而让每个孩子带着有准备的头脑进入课堂进行学习。这种作业新颖、目的性强,更具科学性和趣味性,学生学习有驱动力,想做、爱做。比如,在学习华师大版"用正多边形拼地板"这节课时,可以这样设计前置作业:你见过哪些正多边形能铺满地面?请用数学知识进行解释。这样一个"少而精"的作业,学生易接受又喜欢。而且通过这样的前置作业,学生对新知识有了初步感受和浅层理解,从而更有目的地进行课堂学习,大大提升了课堂教学效率。

2. 创新后置作业

课后作业是课堂教学的延伸,是一种梳理、巩固旧知识的手段,也是帮助学生提高能力的一个重要途径,笔者称它为"后置作业"。有了前置作业,后置作业必须精简和创新,不进行机械的重复训练,而是进行一些开放的、有价值的学科实践活动。具体操作如下。

(1)学生自编作业

加德纳的多元智能理论认为:每个学生的智力都有各自的特点,并有独特的表现形式,有自己的学习类型和学习方法。因此,根据不同学科的要求,教师可以寻找一个最佳切入点,即让学生自编作业。在自编作业中既能激发他们的创造力,又能把作业的"老面孔"演化为多种多样有创意的数学实践活动,让作业成为展现学生思维水平,弘扬个性的园地。所以当老师下达"自编作业"这一任务时,学生们总是兴致勃勃地参与其中,他们针对自身掌握知识的情况,设计一些自己不够清楚的、容易出错的练习题,或者富有创意、想象力的问题。这样的作业远比教师布置的作业丰富得多,针对性更强。他们对于完成自编作业,不仅乐意做,而且完成得很投入,作业质量高,效果好。比如,在学习"轴对称图形"时,可以布置设计美丽的轴对称图案作业。

(2)坚持分层作业

学生的学习能力先天具有差异,有差异的学生做无差异的作业,势必会造成有的学生"吃不饱",有的学生"吃不了"的现象。因此,对不同水平的学生要求应该有所侧重,这就是分层作业。在作业布置时,利用"作业套餐"的形式设置三类题目:A 类是基础题,这是针对基础薄弱的学生设置的,浅显易懂,有利于他们获得成功的快乐,增强学习的自信心;B 类为提高题,紧扣当天所学的内容,并有所提高,主要针对中等程度的学生;C 类是发展题,这种题目有一定的难度,主要是针对基础好的学生设计的,有利于培养学生思维的灵活性和深刻性。学生可自主选择"套餐"类型,也可以各种类型自由搭配,做到因人而异,各取所需。这样既照顾了学生的个体差异,又有利于不同类型的学生的发展,尤其是学困生和学优生,既能让学困生跳一跳就摘到"桃子",又能让学优生免受"饥饿"之苦。

(3)设计研究性作业

学生对于重复性的操练作业,普遍感到厌烦。放手让学生自己设计问题,并自行解决,他们则表现出浓厚的兴趣。如讲"教育储蓄"一节时,先让学生利用休息时间到银行了解有关储蓄知识,在搞清了储蓄与我们生活的关系,储蓄方式以及本金、利息、利息税、本息和等基本术语后,就以自己家庭理财为例进行一些有关的计算,结合自己家庭的实际设计出自己的储蓄方案,并写成数学小论文。这样既锻炼了学生提出问题、分析问题、解决问题的能力,也培养了收集和处理信息的能力,学生有了"用数学"的意识。

(4)设计趣味性作业

数学作业抽象、枯燥,结合教材内容设计一些活动或一件制作来增加作业的趣味性,提高学生学习的积极性,至关重要。如,上"展开图"一节时,鼓励学生按不同方法用剪刀去展开小正方形纸盒,结果学生得到了比书上还多的展开图;在"截一个几何体"的教学中启发学生用刀在萝卜或橡皮上切截,然后在课堂上展示。这样一来同学们兴趣很浓,在亲自动手实验操作的基础上获得了经验,建构了知识体系,促进了能力的发展。

新课程给教学带来了新理念,在作业的优化设计上,如果我们能多花一点心思,采取多种手段,通过多种形式,减少机械性、重复性的练习,多布置研究性、趣味性的作业,可以大大激发学生的求知欲,变"要我学"为"我要学",提高作业效率,同时促进了学生的知识、思维与能力的发展。

第三节 "由感而悟"品数学的学习能力培养

素质教育是以学生为主体的教育,学生是学习的主人。所以在实施素质教育过程中,要注重培养学生自主学习的意识,促使学生在教学活动中自主去探索、去思考,达到最佳的教学效果。

一、激发学习兴趣

托尔斯泰说:"成功的教学所需要的不是强制,而是激发学生的兴趣。"兴趣是学习最好的老师。心理学研究表明,学习兴趣的水平对学习效果能产生很大影响。学生学习兴趣浓厚,情绪高涨,他就会深入地、兴致勃勃地学习相关方面的知识,并且广泛地涉猎与之有关的知识,遇到困难时表现出顽强的钻研精神。否则,他只是表面地、形式地去掌握所学的知识,遇到困难时往往会丧失信心,不能坚持学习。所谓"强扭的瓜不甜"也就是这个道理。因此,要促进学生主动学习,就必须激发和培养学生的学习兴趣。

二、建立和谐融洽的师生关系

教学实践表明,学生热爱一位教师,连带着也热爱这位教师所教的课程,他会积极主动地探索这门学科的知识。这也促进了学生自主学习意识的形成。教育名著《学记》中所言"亲其师而信其道"就是这个道理。所以教师要努力把冷冰冰的教育理论转化为生动的教学实践,真正做到爱学生,尊重学生,接纳学生,满足学生。

三、积极引导学生自主学习

现代教育理论提倡以学生为中心,强调学生"学"的主动性,教师的作用体现在组织、指导、帮助和促进学生的学习,充分发挥学生的主动性、积极性和创造性,从而使学生最有效地进行学习,达到最优的教学效果。即使学生有了自主学习的意识,教师也要根据学生实际的兴趣和能力不同,采用灵活多样的教学方法,使学生的自主学习意识转化为学生的实践活动。

(一)大胆探究,寻求新知

探究性学习以"问题"为基础,"问题"是学生进行探究式学习的载体,而教师可通过"问题"的提出,激发学生探求新知的欲望,在引导学生去探究的过程中,学生主动地产生学习的需求。因此,恰当的"问题"是教学的重要手段,它不但能巩固知识,及时反馈教学信息,而且能激励学生积极自主地参与到教学活动中,成为学习的主人。教师要积极创设问题情境,"慷慨"地提供思维加工的原料,通过演示课件,温习旧知、观察现象、布置练习题等,充分发挥和调动学生的主观能动性,使学生自己去发现问题、解决问题。学生发现问题、解决问题的过程,是大胆探究、寻求新知的过程,也就是学生自主学习的过程。

(二)大胆质疑,乐于思考

在教学中创设民主、宽松、和谐融洽的教学气氛,鼓励学生大胆质疑,乐于思考。许多教育家都主张教学中应有良好的学习气氛。巴班斯基指出:"教师是否善于在上课时创设良好的精神心理气氛,有着重大的作用。"

当代教育学家沙塔洛夫更强调:"在课堂上创造一种普遍互相尊重、精神上平等、心理上舒坦的气氛是每个教师的首要责任。"可见,良好的教学气氛对教学活动的开展非常重要。让学生在学习中自由自在,无拘无束,方能产生思维碰撞,闪现思维火花。心理学告诉我们:"有疑则有思,无疑则无思。"教师要鼓励学生勇于质疑,不轻易苟同他人意见,大胆发表自己独特的见解。教师在教学中要给学生留有思考、探究和自我开拓的余地,要善于把教学内容本身的矛盾与学生已有的知识、经验间的矛盾作为突破口,启发学生去探究"为什么",使学生的思维活跃起来,使学生勤于思考,乐于思考,从而更加积极自主地投入学习。

(三)大胆创新,自主互动

有人说过:"创造性在一致性的要求中慢慢被泯灭。"在课堂上,教师要鼓励学生创造性学习。教师要想方设法创造条件,比如把教学中所需要的资源准备好,放在网上供学生共享,学生也可以根据学习的需要在网络中寻找相关资料来完成学习。另外,教师要鼓励学生大胆创新,不以老师和同学所做的为规为矩,强调自己的作品要与众不同。同时还鼓励学生自主互动,层次不同的学生可以自发组织成为小组,以小组为单位完成作品。学生自主选择学习资源和学习方式,大胆创新,自主互动,这个过程也就是学生的自主学习的过程。

(四)大胆放手,独立自学

教师在教学中大胆放手,鼓励学生独立自学,使学生真正掌握学习的主动权,成为学习的主人,学生就会积极自主地参与学习,主体性得以充分发挥。首先,每学期刚开学,就可以把这个学期的教学安排,包括计划、进度和课时都告诉学生,让他们心中有数。一些知识掌握得比较好的学生,在完成相应阶段教学内容的前提下,他们可以根据各自的水平和爱好,提前向老师提出学习要求。教师应该鼓励学生独立自学,实施个别辅导。独立自学不等于放任自流,当学生遇到问题,教师要与学生共同探讨,启发学生思维,指点学生找出解决办法。

四、开展生本教学

生本教育就是注重学生为本的教育,就是激扬学生生命的一种教育,就是一切为了学生,充分相信学生,全面依靠学生的教育。它追求的目标是培养能够自主发展的人。生本教学强调学生对自己的学习负责、做主,学生知道怎么学——成为学习主人,进行主动、建构式地学习。主要有以下四方面特点:(1)学习者参与确定对自己有意义的学习目标的提出,自己制订学习进度,参与设计评价指标;(2)学习者积极发展各种思考策略和学习策略,在解决问题中学习;(3)学习者在学习过程中有情感的投入,学习过程有内动力的支持,能从学习中获得积极的情感体验;(4)学习者在学习过程中对认知活动能够进行自我监控,并做出相应的调适。

(一)教学方式

生本教学把知识授受引向智慧的启迪,使学生的学习由被动转为主动。教与学的关系坚持"先做后学,先学后教,少教多学,以学定教"。课前:老师布置前置作业,让学生根据自己的知识水平和生活经验进行尝试性学习,解决各自现有问题。从而让每个孩子带着有准备的头脑走进课堂。课堂:小组进行讨论,学生展示学习成果,师生合作解决疑难问题。课后:取消作业,解放学生,解除他们课业与精神重负,让他们自由自主地为积极参与明天生机勃勃的课堂教学做准备。在师生关系上,强调教学过程是师生交往的过程,让学生通过师生交往,构建人道、和谐、民主、平等的师生关系,通过交往让学生体验到平等、自由、民主、尊重、信任、友善、理解、宽容与关爱,同时受到激励、鞭策、鼓舞、感化、召唤、指导和建议。

(二)学生参与方式

生本教学使学生的参与方式由接受型的静态从学转变为参与型的动态趣知。通过学生的参与,唤起学生对知识的期待、对生活的渴望,引起学生的质疑,培养学生质疑的品质。学生在参与中不断地修正和丰富自己的知识和经历,从而得到个性化发展。

生本教学对于弘扬学生人格的主动精神,发展学生的各种潜在能力,全面提高学生现代人的素质,切实摆脱当前普遍存在的机械、冷漠、被动、低效的课堂困境,克服学业失败现象和厌学情绪等,具有潜在功能与现实意义。

五、自我激励,自我评价

教师要注重学习成果的激励作用,充分利用学习成果的反馈作用。教师在教学中要对客观存在差异的学生提出不同的要求,鼓励不同层次的学生在学习上获得成功,让学生体验到成功的喜悦。特别是学习有困难的学生基础差、进步慢,自卑感较强,教师应尽力发掘他们的闪光点,帮助他们树立自信心,使他们时常能感受到成功的喜悦。成功感是学生自主学习的激励机制,给学生成功的体验,强化和激励学生主动学习,学生就会在自主学习中不断地追寻这种体验。在自主学习的过程中,学生自己最清楚什么样的学习最能满足自己的需要,最清楚自己想知道什么,也最清楚自己糊涂和不明白的地方。所以教师要注重学生的自我评价,指导学生逐步认识自己"学会"的过程是否合理有效,在学习中使用的方法是否得当,进行及时的反馈和调控,不断改进学习方法。

总之,在实施素质教育的过程中,要注重培养学生自主学习的能力,促使学生在教学活动中自主去探索、去思考,达到最佳的教学效果。

第四节 "由感而悟"品数学的中考复习指导

一、如何把握中考数学复习要领

新课程改革中考如何命题? 与过去相比有哪些变化呢? 笔者从各省、市课改区收集了多份数学中考考卷进行分析,发现有如下几个变化:(1)知识考查——"基础化";(2)题材选择——"生活化";(3)能力要求——"综合化"。随着中考命题的变革,"填鸭式"和"题海战术"等传统的中考复习方法已经不符合时代要求,与新课程理论相违背。因此,改变传统的数学复习方法,帮助学生从"题海"中走出来,不仅是新课改的要求,更是我们教育者的追求。下面就从中考数学复习要领的角度来谈一谈中考复习课该怎么上?

(一)吃透教材、回归课堂

从近几年的中考试题来看,试卷中的大部分试题来源于课本,特别是基础题,多是课本上的原题或者是课本中的典型例题改编而来。即便是综合题和压轴题,其解题思路和方法也可以在课本上找到原型。所以,在老师引导下吃透教材、回归课堂是做好中考复习的根本。

1. 重视课本,系统复习

从训练学生阅读教材与理解例题入手,引导他们积极、主动地参与阅读教材、探索例题,做到紧扣教材,夯实基础。通过对课本知识的系统梳理,形成知识网络,加之对典型问题的变式训练,达到举一反三、触类旁通的目的。通过阅读教材,系统整理知识,达到以下要求:(1)能把单元的理论系统及其内涵合上书从头到尾说一遍;(2)能把单元复习整理过的中心课题、数学思想合上书从头到尾也说一遍;(3)能把典型例题和习题独立分析一遍或者做一遍。

2. 变革课堂,提高效率

传统的中考复习课,通常是教师占用课堂 45 分钟,把每一个章节自认为是重要的定义、定理和题型一股脑儿地罗列出来讲解。这种"灌"的结果:教师紧张、忙碌,学生厌倦、被动,课堂学习效率低,学生两极分化严重等等。为了改变这种局面,笔者尝试以下做法:其一,课堂教学生活化,教师在课堂教学设计、实施、反思等活动中,高度关注学生生活世界与书本的联系,将生活资源转化为教学资源。其二,学生学习自动化,即改变原有的学生静听的状态和面貌,学生在教师指导下,积极参与教学过程。其三,师生互动有效化,即在教师的引导和讲解时,有学生的互动,在互动中得到智慧。其四,教学过程动态化,即让课堂教学处在一种变化、动态的场景中。

(二)加强学法指导,培养学生兴趣

教师要从讲课、复习、做练习(试题)、改正试卷、小结等等方面,对学生进行学法指导,使学生在学习的每个环节上量力而行,合理利用时间,发挥学习效能。使学生学习得法,增强自信,培养兴趣,做到事半功倍。

1. 夯实基础,学会分析

每天课后,要求学生通过阅读课本和整理笔记完成两项任务:(1)深抠理论(概念、定理、公式、法则),理解理论产生的背景和过程、理论适用的条件、理论的结构特征、理论的本质与功能。(2)深抠例题:对待一道例题,力争做到:知道怎么做,学会怎么想,懂得为什么要这样做,还能怎么做。

例如:(2005 年厦门中考):已知函数 $y=\sqrt{-3x-1}-2\sqrt{2}$,则 x 的取值范围是_____,若 x 是整数,则此函数的最小值是_____。

解题思路:$\sqrt{-3x-1}$ 是二次根式,所以 $-3x-1\geqslant0$,所以 $x\leqslant-\dfrac{1}{3}$。要求 y 的最小值,即求非负数与 $-2\sqrt{2}$ 的和的最小值,则 $\sqrt{-3x-1}$ 应取最小值,因为 $x\leqslant-\dfrac{1}{3}$,且 x 是整数,所以 x 取最大整数的负整数 -1 时,$\sqrt{-3x-1}$ 最小,此时 $\sqrt{-3x-1}=\sqrt{2}$,所以本题的答案是 $-\sqrt{2}$。

2. 及时小结,认真反思

特别要总结考试和作业中的失分题,反思失分的原因:是理论失分、技能操作失分、解题思路或方法失分,还是心理因素引起的失分。查明原因,找出改进的方法,并把失分题记在错题本上,力争做到日后"不二错"。随时把做错及不会做的题一一摘录上去,时常拿出错题本巩固,通过不断强化记忆和训练,纠正错误思维。这样,形成不断反思的习惯,不会做的题就越来越少,会做的题越来越多。

3. 有的放矢,调整心态

从自身实际出发,强化针对薄弱知识的方法、能力环节的复习训练,分析清楚哪些是自己的强项,哪些是自己的弱项,要以强项带弱项,根治知识的盲区、死角。在本学科的重点、难点知识、技能上多下功夫,应加大"投入",切忌不分主次,眉毛胡子一把抓。不同阶段复习各有侧重,应把知识技能的"点"和"线"结成网,形成知识的有机整体,将思想方法形成整体框架。

4. 抓住重点,突破难点

(1)狠抓重点内容,适当练习热点题型。多年来,初中数学的"方程""函数""圆"一直是中考重点内容。"方程思想""函数思想"贯穿于试卷始终。另外,"开放题""探索题""阅读理解题""方案设计""动手操作"等问题也是近几年中考的热点题型,这些中考题大部分来源于课本,有的对知识性要求不同,但题型新颖,背景复杂,文字冗长,不易梳理,所以应重视这方面的学习和训练,以便熟悉、适应这类题型。就中考的特点可以从以下几个方面收集一些资料,进行专项训练:①实际应用型问题;②突出科技发展、信息资源转化的图表信息题;③体现自学能力考查的阅读理解题;④考查学生应变能力的图形变化题、开放性试题;⑤考查学生思维能力、创新意

(中略)

识的归纳猜想、操作探究性试题;⑥几何代数综合型试题等。

(2)针对这些题型的解题特点,在平时的教学中要特别重视培养学生的阅读能力、创新探索能力和数学应用能力。平时做题时应做到:①深刻理解知识本质,平时加强自己审题能力的锻炼,才能做到变更命题的表达形式后不慌不忙,得心应手。②寻求不同的解题途径与变通思维方式。注重自己思维的广阔性,对于同一题目,寻找不同的方法,做到一题多解,这样才有利于打破思维定式,拓展思路,优化解题方法。

(3)变换几何图形的位置、形状、大小后能找到图形之间的联系,知道哪些量没变、哪些量已改变。例如:折叠问题中折叠前后图形全等是解决问题的关键。实践证明:这种数学复习新观念的落实,能最大限度地改变学生不愿自己阅读教材、不会归纳总结、不会自主探究的毛病;让学生学会学习,学会思考、学会探究,体现了新课改的精神。

二、如何提高中考复习效率

中考复习,是初三年级师生必须面临的一个重要教学环节。如何在有限的时间里高质量地提高中考数学复习质量,更有效地提高学生成绩,是一个值得研讨的问题。下面,笔者就个人多年复习迎考的教学实践以及平时对中考的思考,阐述个人的观点。

(一)制订计划,合理安排

切实可行的复习计划能让复习有条不紊地进行下去,起到事半功倍的效果。中考数学复习一般分为三个阶段:基础知识点的复习为第一阶段,专题复习为第二阶段,考前模拟试卷的测评为第三阶段。第一阶段复习中应该紧抓《全日制义务教育数学课程标准(实验稿)》,抓基本概念的准确性;抓公式、定理的熟练和初步应用;抓基本技能的正用、逆用、变用、连用、巧用;能准确理解教材中的概念;能独立证明书中的定理;能熟练求解书中的例题;能说出书中各单元的作业类型;能掌握书中的基本数学思想、方法,做到基础知识系统化,基本方法类型化,解题步骤规范化,从而形成明晰的知识网络和稳定的知识框架。第二阶段主要为专题复习。如果说第一阶段是以纵向为主,按知识点顺序复习的话,那么第二阶段就是以横向为主,突出重点,抓住热点,深化提高。这种复习是打破章节界限,绝不是第一轮复习的压缩,而是知识点综合、巩固、完善、提高的过程。其主要目标是:完成各部分知识的梳理、归纳、糅合,使各部分知识成为一个有机的整体。在这轮复习中,应防止把第一轮复习机械重复;防止单纯地就题论题,应以题论法;防止过多搞难题等。第三阶段主要是进行模拟中考的综合拉练。经过前两轮的复习,学生无论知识的掌握,还是从解题能力的培养上说都会有所提高。但在临考前,心理上很不稳定,因此要进行必要的适应性训练或模拟训练,以提高学生的解题速度和正确率。建议考生在做好学校正常的模拟测试之余,最好找几套难度适中的模拟试题,设定考试时间,进行自我模拟测验,培养良好的应试心理素质。

(二)抓住重点、突破难点

对中考各题型的分析,有利于我们老师抓住复习中的重点、难点,也知道学生中所存在的薄弱环节,从学生的不足之处作为突破口,加大复习的针对力度,这是一种有效的复习策略。例如:针对"近几年的中考试题大部分来源于课本,特别是基础题,多是课本上的原题或者是课本中的典型例题改编而来"这一特点,在复习过程中就必须吃透教材、回归课堂,从训练学生阅读教材与理解例题入手,引导他们积极、主动地参与阅读教材、探索例题,做到紧扣教材,夯实基础。通过对课本知识的系统梳理,形成知识网络,加之对典型问题的变式训练,达到举一反三、触类旁通的目的。通过阅读教材,系统整理知识,达到以下要求:(1)能把单元的理论系统及其内涵合上书从头到尾说一遍;(2)能把单元复习整理过的中心课题、数学思想合上书从头到尾也说一遍;(3)能把典型例题和习题独立分析一遍或者做一遍。

(三)分类指导,逐层推进

一个班级,总是存在着学生的差异。在中考复习中,用一个标准来要求所有学生,是不太妥当的。因为我们不仅要抓合格率,同时也要抓优秀率。对优生而言,严格要求,加大难度;对中等生、一般学生而言,要求他们巩固所学,力求进步;对后进生而言,这类学生也许令我们很头痛,也许他们在知识上一无所知,而且在学习态度上、学习动机上表现得也很不好,对这类学生需要耐着性子,加大情感投入,让他们体会到老师们的良苦用心,同时也尽量不去影响其他同学以及正常的教学秩序,或者说,多多少少记几个公式,会做几个最基础、最常规的题目。

（四）注重细节，规范答题

从近几年厦门中考试题可以看出，基础题目的分值占到 80%，需要灵活应用的题目分值只占 20%。这正迎合了《全日制义务教育数学课程标准（实验稿）》的基本理念："人人学有价值的数学；人人都能获得必需的数学；不同的人在数学上得到不同的发展。"因此抓住基础题目对于每一位考生来说尤为重要，同时还应该注意避免复习过程中的几个误区：（1）不认真审题。有些考生在复习中为了节约时间往往审题不仔细，看错单位、抄错数字等。（2）凭印象答题。中考复习中做了大量的题目，有部分学生在做题时看见某些熟悉的题目就认为自己曾经做过，从而很快地下了结论，其结果却是错误的。（3）只做题不总结。数学学习看重的是思路、方法及能力的培养，不少考生只知道多做题、做难题，满足于解题后对一下答案，却忽视了对解题规律的总结，以及蕴藏其中的数学思想、方法及数学能力。（4）答题不规范。试题基本已经答出来但是忘记检验，忘记带单位、答非所问等也是常见的错误。

（五）了解信息，适应新题

新课改的中考试题在设计上常联系学生生活，选材丰富、新颖有趣、图文并茂、语境多样、时代感强、注意调动学生的多种思维能力，体现了人性化、个性化的特点，突出了学生的主体参与性。如果我们孤陋寡闻，仍旧设计出一些层次单一、内容陈旧的试题来训练学生，那对中考复习也许会有副作用。为此，我们要及时了解中考信息，了解中考的命题原则及考查范围，这样才能更有效地搞好中考复习。例如：近几年常出现的"分类讨论题""举反例题"等等。

1. 分类讨论题

当数学问题不宜用统一方法处理时，我们常常根据研究对象性质的差异，按照一定的分类方法或标准，将问题分为若干类（全而不重，广而不漏），然后逐类分别讨论，再把结论汇总，得出问题的答案。例如，已知：关于 x 的方程 $x^2-2(k+1)x+k^2+1=0$，(1) 当 k 取何值时，方程有两个实数根？(2) 若△ABC 是等腰三角形，$BC=4$，AB、AC 的长是这个方程的两个根，求△ABC 的周长。本题主要考查了分类讨论的数学思想方法。

2. 举反例题

当一个数学命题错误时，要求你举一个例子并说明理由。例如：已知等边△ABC，D、E 分别是 AC、BC 的中点，连接 DE。(1)如图 5-4-1，若将△CDE 绕点 C 按逆时针方向旋转，判断命题"在旋转过程中线段 CD 与 AD 的长始终相等"是否正确，若正确请证明，若不正确请举出反例。(2)若将△CDE 绕点 C 按逆时针方向旋转，连结 BD，在旋转过程中，你能否找到一条线段的长与线段 BD 的长始终相等，并以图 5-4-2 为例说明理由。

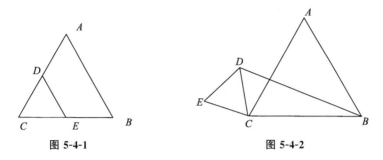

图 5-4-1　　　　　　　　　　　图 5-4-2

三、如何减少中考失分

(一)复习课中要合理"回归"教材

(1)将书读薄，使学生对整个初中数学的知识结构有个清晰的认识。

(2)温故而知新，以新的视角去发现知识间的内在联系，对数学思想方法有更进一步的认识。

(3)合理利用，即对书中某些典型例题、习题应当合理利用，变式拓展，总结方法，便于学生掌握。

(二)中考数学夺分的策略

1.夯实数学双基，拿满基础分

(1)关注学生易错点，把它作为复习的重点，抓好抓实。据分析，初中学生答题最容易失分的地方主要有以下几类：概念理解不透，导致失分；计算能力差，粗心失分；分式方程及应用题不检验导致失分；文字阅读能力低下，读不懂题意，对应用题、文字量大的试题存在一种本能的恐惧心理导致失分；解题格式及数学语言的表述不规范、表达不完整、表达太烦琐，导致因书写格式不规范、数学语言表达不严密而丢分；"用数学"的意识差，即对现实生活中的问题抽象出数学的能力不强，尤其在实际背景下运用的意识和能力的培养和训练不够,导致丢分。

(2)分析学生的错误,将存在问题分类。学生错误大致可分为三类:第一类问题——遗憾之错;第二类问题——似非之错;第三类问题——无为之错。

(3)制定提分策略,将问题各个击破。第一战役:消除遗憾。要消除遗憾必须弄清遗憾的原因,然后找出解决问题的办法。第二战役:弄懂似非。"似是而非"是学生记忆不牢、理解不深、思路不清、运用不活的内容。第三战役:力争有为。在复习的过程中,不要做太难的题和综合性很强的题目。

(4)抓平时,抓及时。及时抓学生平时作业;及时抓学生平时测验;及时抓跟随性的练习。重视习惯养成,每次作业、测试都要确立本次改错的目标,根据学生的错误精选题型,编好题型,给学生改错的机会。

2.注重思维训练,提高能力分

真正不会学习的人,是没有掌握学习方法的人,因而在教学中要特别重视学法的指导。开展"一图多变""一题多解""一题多变""一法多用"等专题训练。具体办法:"量不在多,典型就行;题不在难,有思想就灵。"

(1)用好每一道精选的试题,讲清"要点、易错点、联系点"。

(2)将能力、思想的培养渗透在每节课中。

(3)在系统思想指导下确定好每一阶段、每节课的具体而又适宜的目标,循序渐进,落实到位。

(4)分类:将学生分类,将存在的问题分类,将练习分类。

3.减少失误,提升整体水平

(1)梳理策略。

总结梳理,提炼方法;反思错题,提升能力。在备考期间,要想降低错误率,除了进行及时修正、全面扎实复习之外,非常关键的一个环节就是反思错题。具体做法是:将已复习过的内容进行"会诊",找到最薄弱部分,特别是对月考、模拟试卷中出现的错误要进行认真分析,也可以将试卷进行重新剪贴、分类对比,从中发现自己复习中存在的共性问题,正确分析问题产生的原因。

(2)答题策略。

其一,审题时注意力要集中,思维应直接指向试题,力争做到眼到、心到、手到。其二,在答题顺序上,应逐题进行解答。要正确迅速地完成选择题和填空题,有效利用时间,为顺利完成中档题和压轴题奠定基础。其三,遇到平时没见过的题目,不要慌,稳定好情绪。题目貌似异常,其实都出自原本,要冷静回想它与平时见过的题目、书本中的知识有哪些关联。其四,解综合题时,应步步为营,稳扎稳打,否则前面错了,后面即使方法对了,也得分甚少。其五,注意认真检查,尽量减少失误。

(3)复习建议。

中考复习分为三个阶段,通常被称为"三轮复习法"。各阶段复习目标、复习角度和方法都不尽相同,三轮复习并不是机械性的重复,而是螺旋上升的过程。

第一轮复习:夯实基础,目的是将知识系统化、练习专题化、专题规律化。在这一阶段的教学中,教师对教材内容进行归纳整理,使知识模块化。主要从以下方面进行:其一,通过让学生提前预习模块知识点,教师制作相应的课件进行高效复习。其二,针对各模块知识点进行及时跟踪练习,练习量不宜过大。其三,及时指出复习过程中的难点和易错点。其四,从众多教学资源中选择适合学生使用的复习资料,科学合理地选择练习内容进行巩固。学生遇到问题采取及时反馈、设问式引导,个别引导与集体解惑相结合,寻求多角度解题思路。

第二轮复习:加强专项,目的是将第一阶段的知识进行点、线结合,交织成为知识网,更加注重与现实生活的联系,达到学生数学分析能力的培养和提升。

①基础知识、基本技能专项提升。精心选择或整理出基础训练题,侧重于中考试题中的选择题和填空题,每周进行适当的基础测试,对不同能力的学生提出不同的目标,确保"会则对、对则全",必要时进行单独辅导。原则是不放弃学困生,不丢"冤枉"分,使每一次的训练具有实效性。

②建立"每日一题"档案。将中考六道解答题分为三个阶梯,学生可按自己的能力选择任一阶梯题目,做到学生自主分层,教师分层指导,尽可能做到对每位学生面批面改,指导学生总结答题技巧。

加强数学思维训练,提升解题能力。按数学思想分类:分类讨论,数形结合、转化与化归、方程思想、函数思想。

第三轮复习:模拟演练,备课组教师集思广益,以近几年的中考试题为原型,编制符合要求及命题特点和规律的高质量模拟试卷进行训练。其一,难度较低的题目教师要及时批改,难度适中的题目由学生讲解并公布答案,难度较大的题目教师适度引导,面向全体进行讲解。其二,针对学生练习中存在的问题,教师进行题型总结,帮助学生进行再归纳、再整理、再练习。师生共同努力做到堂堂清(高质量、高效益)、日日清(及时反馈、切实辅导)、周周清(整理重难点)、月月清(评价检测),简言之就是"精而实"。

考前调整:在中考前一周,教师要指导学生,回归基础,调适心态。总体要求:自学为主,个辅为辅,适度训练,保持熟手;具体方法:控制模拟试题难度,加大基础题比例,增强学生自信心。此外,加强个性化学习指导,对一些易错、易忘的知识进行反复巩固,查缺补漏,知识归类。

四、中考数学复习案例解析

中考数学复习教学的核心价值是引导学生在温故知新活动中实现知识重构,培养学科核心素养,促进学生智慧的形成和发展。当前中考数学总复习教学中普遍存在着"以讲代教""以练代学"的现象。课堂以简单的知识回顾及零散的例题讲解为主,课后以大量的练习组合为主。这使复习教学缺乏系统性、针对性、教育性,难以有效地培养学科关键能力,促进学生数学学科核心素养的发展。下面以二次函数复习教学为例谈谈指向学科核心素养的中考数学复习策略及实施过程。

(一)复习目标解析

1. 知识目标

针对二次函数的复习,首先从知识层面弄明白二次函数是什么、有何性质、用于何处、主要技能有哪些。表 5-4-1 给出了答案。

表 5-4-1　二次函数的主要技能解析

二次函数的主要技能	画图技能	识图技能	运算技能	主要技能叠加
主要技能解析	能从图中读出关键点、关键信息	能给定点画二次函数图像;给出二次函数解析式能够画出图像;给出关键信息画二次函数草图	能求二次函数的值;求二次函数的坐标;求二次函数的解析式;求二次函数的取值范围	二次函数图像、解析式与不等式叠加;二次函数图像、解析式与方程叠加;二次函数图像、解析式与几何变换叠加;二次函数图像、全等、相似与三角函数值叠加;二次函数图像、图像坐标叠加;函数间运算的叠加

2.数学课程的理念与核心素养目标

阐述和分析数学学科学习对于促进学生发展的作用,并进行重点问题的案例分析。能针对"数量关系与问题解决"的内容,理解建立模型思想是学生体会和理解数学与外部世界联系的基本途径;建立模型思想有利于提高学生学习数学的兴趣,有利于学生数学核心素养的提升。

3.实施目标

就二次函数的知识而言,从操作层面提出学生有何缺漏,怎么通过复习进行弥补,即怎么组织复习,怎么组织练习。

(二)教学问题诊断

复习课的目标就是温故而知新,解决学生存在的现有问题,培养学生学科关键能力。课前把握起点,做到温故促新,做到复习课前三问:(1)诊断聚焦:学生的问题在哪?(2)寻找策略:怎么解决学生的问题?(3)练习反馈:怎么知道学生的问题已解决? 比如,在二次函数的复习中,首先要了解本班学生的问题在哪儿,哪些方面需要加强,如果在复习过程中发现了学生的现有问题该怎么解决。

教学难点:学生层次多,如何把握复习起点,如何做到温故知新,上课留下的问题怎么办,有无更好的学法和教法。

(三)教学策略形成

能准确把握相关内容的数学本质,了解学生学习时存在的问题和可能的困难,选择合理的教学方式引导学生理解和掌握,采用恰当的方法进行评价。

能根据相关的知识和原理确定数量关系内容的教学目标与重难点,会进行数量关系内容的学情分析,能基于学生学习的特点来进行教学设计。例如在函数概念教学中,结合学生熟悉的现实情境或数学活动,从具体到抽象,深入浅出,有意识地揭示函数的本质,逐步深化学生对函数思想的认识。对数量关系内容的教学进行整体设计,采取有效的教学方式和教学策略,激发学生学习兴趣,促进其积极思考,体现学生学习的个性化特点;能独立设计体现本单元数学知识本质的生活情境或数学问题,独立编写有层次的例习题,帮助学生提高运算能力。比如,在二次函数的复习中发现学生对函数值的大小比较不理解。笔者通过分析学生的现状,提出解决策略:问题导引,题组呈现,变式比较,练习反馈,例练匹配,分层设置,多种设问。

(四)教学过程设计

课中保证复习目标的落实,确保各层次学生都参与课堂,提升学生的学习水平。教师要做好教学过程设计,明确复习课教学中的三问:(1)聚焦问题:目的是什么;(2)优化策略:怎么复习;(3)明确分工:教师做什么,学生做什么;教学难点:目标落实了吗,各层次学生都参与了吗。教学策略:将所要复习的知识点以问题串的形式给出,形成"知识点""典型图"等;典型性,不在于难,而在于解决该题所用的方法具有良好的迁移性、广泛的适用性。

1. 设置问题串"串知识",将知识系统化

请研究二次函数 $y = x^2 + 4x + 3$ 的图像及其性质,并尽可能多地写出有关结论。

解:①图像的开口方向;②顶点坐标;③对称轴;④图像与 x 轴、y 轴的交点坐标;⑤增减性;⑥最大值或最小值;⑦图像在 x 轴上截得的线段长;⑧对称抛物线;⑨图像与 y 轴的交点关于对称轴的对称点坐标。

2. 设置问题串"串联系",使练习专题化

我们已经学习过一次函数、二次函数和反比例函数,y 与 x 是其中一种函数关系,函数与自变量的部分对应值如表 5-4-2 所示。

表 5-4-2　函数与自变量的部分对应值

x	⋯	-4	-3	-2	-1	0	1	⋯
y	⋯	-1	$\frac{1}{2}$	1	$\frac{1}{2}$	-1	m	⋯

(1)画出上述点的坐标,尝试描述此函数的图像特征。

(2)求出函数的解析式,点 $M(1, m)$ 是此函数上的点,求 m 的值。

(3)描述这个函数的性质。

(4)若点 $A(0, a)$、点 $N(-2, n)$、点 $C(-5, c)$ 在这个函数的图像上,比较 a、n、c 的大小。

(5)当 $-3<x<0$ 时，求函数的取值范围；当 $y<-1$ 时，求自变量的取值范围。

(6)若一次函数 $y=kx+b(k\neq0)$ 图像与这个二次函数图像交于点 $A(0,a)$、$D(-5,d)$。

①求这个关于 x 的方程 $-\dfrac{1}{2}(x+2)^2+1=kx+b$ 的解。

②求这个关于 x 的方程 $-\dfrac{1}{2}(x+2)^2+1>kx+b$ 的解集。

3. 设置问题串"串思维"，使专题规律化

根据中考题串联题目。

① $\dfrac{x+1}{x-1}=0$；　　　　② $\begin{cases} x+y=-4 \\ x-y=8 \end{cases}$；

③ $x^2-14x+48=0$；　　④ $5x-3<1-3x$。

问题：求方程(组)或不等式的解；若 x、y 是方程组②的解，求 x^2-y^2 的值；若 a 为方程③的解，求 $a^2-14a+50$ 的值；若 a 为不等式④的解，求 $y=a^2-14a+50$ 的 y 取值范围。

（五）课堂教学反思

课堂教学反思思什么？如何反思？笔者认为，应该做好课后四问。第一问，本节课学习了什么？学生还存在什么问题？第二问，我存在的问题如何解决？有什么补救措施？第三问，本节教学课如何？哪些地方需要改进？第四问，留下的问题怎么办？今后有无更好的学法和教法？

（六）复习练习的编制

练习必须与课堂教学相匹配，做到题组化、层次化设置。(1)编写三要求：目标明确，材料得当，数量足够；(2)取舍三注意：不重复，不过度，不惩罚；(3)改编用三法：有必要重复的内容尝试创新设问，有必要推广的内容可以尝试变式设问，有必要强调的内容可以尝试反过来问。

练习1(基础题组)：
已知：二次函数 $y=x^2-2x+c$ 经过点 $(0,-3)$。

(1)求二次函数的解析式,并画出函数图像。

(2)判断其开口方向、顶点坐标、对称轴。

(3)求证:函数图像与 x 轴一定有两个交点。

(4)求出函数图像与 x 轴、y 轴的交点坐标。

(5)若 $y>0$ 时,求自变量的取值范围。

(6)若 $-1\leqslant x\leqslant 4$ 时,求函数的最大值和最小值。

(7)求出抛物线 $y=x^2-2x+c$ 和直线 $y=x+1$ 的交点坐标。

(8)直接写出不等式 $x^2-2x+c\leqslant x+1$ 的解集。

(9)将抛物线 $y=x^2-2x+c$ 怎样平移使得与 x 轴只有一个交点?

(10)求出抛物线 $y=x^2-2x+c$ 关于 y 轴对称的抛物线解析式。

练习 2(能力题:2016 年厦门中考压轴题)

已知:抛物线 $y=-x^2+bx+c$ 与直线 $y=-4x+m$ 相交于第一象限不同的两点 $A(5,n),B(e,f)$。

(1)若点 B 的坐标为 $(3,9)$,求此抛物线的解析式;

(2)将此抛物线平移,设平移后的抛物线为 $y=-x^2+px+q$,过点 A 与点 $(1,2)$,且 $m-q=25$,在平移过程中,若抛物线 $y=-x^2+bx+c$ 向下平移了 $S(S>0)$ 个单位,求 S 的取值范围。

(七)复习教学思考

(1)复习教学要抓住一个"基"字、追求一个"效"字,合理"回归"教材。

①将书读薄,使学生对整个初中数学的知识结构有个清晰的认识。

②温故而知新,以新的视角去发现知识间的内在联系,对数学思想方法有更进一步的认识。

③合理利用,即对书中某些典型例题、习题应当合理利用,变式拓展,总结方法,便于学生掌握。

(2)复习教学要注重总结梳理,提炼方法。

(3)复习教学要反思错题,提升能力。

(4)复习教学要充分调动学生的积极性。"果"让学生自己摘;"问"让学生自己提;"题"让学生自己解;"法"让学生自己探;"情"让学生自己抒。

总之,中考数学复习首要任务就是解决学生的问题,做到温故促新,及时抓好反馈补救,通过复习将知识进行点、线结合,交织成为知识网,更加注重与现实生活的联系,达到学生数学分析能力的培养和提升。

第六章

"由感而悟"品数学的教学反思

第一节 "由感而悟"品数学中教师的作用

"由感而悟"品数学教学过程中,教师应该以何种角色出现?在教与学的过程中起什么作用?

一、教师角色的转变

"由感而悟"的数学课堂,教师要主动放下权威,放下师长的架子,以一个普通参与者和学习者的身份与学生共同学习和探讨,共同探讨教学和学习中的各种问题,使学生勇于挑战课本,挑战教师,挑战权威。要培养学生的创新意识,并使之逐渐形成能力。

二、积极调动,激发学习热情

在培养学生自主学习的能力的过程中,教师要意识到:教师是外因,要通过学生这个内因才能起作用。教师要想方设法调动起全体学生的学习主动性和积极性才能收到良好的效果。

孔子曾说过:"知之者不如好之者,好之者不如乐之者。"兴趣是最好的老师。学生一旦有了兴趣,就会引发对所学知识的积极思考、主动参与、深入探索,变"要我学"为"我要学"。学习的兴趣从哪里来?一部分来源于对学习内容本身的喜好,而更多时候要靠教师挖掘教材中的激励因素,加以激发。教学中笔者通常通过猜谜语、讲故事、编歌谣、做游戏、设悬念等途径,创设教学情境,使学生产生主动参与、积极探究的强烈欲望,从而体验到成功的喜悦。

为了培养学生对学习的长期兴趣,使他们始终保持旺盛的学习积极性,产生自主学习自觉性,教师就要激发学生的学习动机,使学生明确自主学习的意义。通常教师可以通过与学生个别谈心,了解学生对学习的真实想法,帮助学生树立自主学习的责任感和紧迫感。让他明确自己是学习的主人,让他明白"未来的文盲不再是不识字的人,而是不会学习的人",自己不会学习将被时代淘汰。教师还可以向学生介绍成功的事例,介绍养成独立自主学习的重要性,让学生明确具备了这种独立学习的能力,将终身受益,从而激发学生主动参与学习过程。

三、大胆放手,鼓励自学自悟

传统的教学理念使不少教师把课堂当作了展示自己的舞台,在不知不觉中垄断了学生的学习主权。自主学习就是要把学习的权利还给学生,所以我们教师就要大胆放手,给学生提供自主实践的机会。具体应落实在以下方面:

(一)教师要给予学生充足的思考空间和学习时间

教师要坚信学生的能力不是"讲"出来的,而是学生在自己"学"和"探究"的过程中培养出来的,只有学生自己"学"出来的能力,才能成为真正意义上的能力。教师要留给学生足够的思考空间和时间,让学生真正成为课堂教学的主角,学生获取知识的结果,远远比不上他获取结果的过程重要。让学生在学习上有所发现、有所体验,重要的前提是给予他们在学习和研究知识的过程中主动思考与积极探究的时间与空间,这样,他们的体验才是幸福而自信的。

(二)教师要给学生创造讨论交流的机会

思想只有通过交流和碰撞才能迸出火花。教师强抑着不让学生说,就等于堵了他们学习的一条渠道,久而久之,学生也就变成了被动接受外界信息的"容器"。课堂上应是学生主动说话的阵地,把他们内心的疑惑、感受表达出来,这样无疑可以培养学生的创新精神和创造品格。开始的时候,学生们提出的问题可能会比较肤浅,不着边际,甚至在课堂上招致学生的哄笑,这时教师一定要加以鼓励,进行点拨,久而久之,学生便具有善于质疑的能力,能提出较有探究价值的问题。实践证明,在课堂教学中注重激励学生质疑解难,不仅能提高学生对语言文学的感悟能力,更重要的是,它能激发学生自主学习、探索问题的积极性,使学生由一个学习被动者变为一个主动探索者,把学习的潜力充分开发出来。

(三)教师要学会欣赏学生的优点

新课改中明确指出,教学目的不能只注重知识与技能,更要强调情感态度与价值观。在教学过程中要树立以学生为主体的现代教育观念,给每个学生提供思考、创造、表现及获得成功体验的机会。做到这一点,教师要学会欣赏每一位学生,及时发现每一位学生的闪光点,并给予鼓励。学生得到老师的关注后,不仅会喜欢老师,喜欢上课,产生融洽和谐的师生情感,还会在课堂上积极表现,愉快和主动地去学习。

(四)适时指导,给以帮助

1.教师要进行方法指导

"由感而悟"品数学是改变以往教学中过于强调以教师为中心的现象,力图使学生在教学活动中由被动变为主动的一种尝试。但这种教学方式如果操作不好,便会流于形式,教学过程表面上看来热热闹闹,实际上效果并不理想。因此,要真正让这种学习方式落到实处,教师的有效指导至关重要。由于长期的被动学习,使学生养成了等着老师讲的依赖思想。刚刚开始自主学习时,他们往往不知学什么,会有"老虎吃天,无处下口"的感觉,这时就需要教师在学习方法方面给学生恰当、及时的指导。

2.教师要"精讲"

经过自学和讨论,有些学习内容和问题已经被学生掌握或解决,而有些内容学生还没有理解或掌握,这时就需要教师进行讲解。在学生自主学习基础上所进行的课堂教学是一种高水平的教学,它的特点是具有很强的针对性,是用于解惑的"精讲"。因此在这个过程中,对教师的讲解也有很高的要求。首先,教师的讲解不是从头开始。而是在学生经过自学课本、尝试练习与课堂讨论,对新知识已有了初步了解的前提下进行的,因此讲授就不必面面俱到,只要根据前几步的反馈信息,针对重点和难点讲解就可以了。其次,在精讲中应以基本原理或规则为核心内容,最好讲练结合,重点分析做对的道理以及做错的原因,抓住导致学不懂的原因进行深入的探究。简单地说,就是在精讲过程中,要让学生学会学习、学会交流。

第二节　让学生"爱学、会学"的教学思考

就初中生学习数学中存在的问题进行调研,老师们普遍认为学生不爱学数学和不会学数学是目前存在的两大问题。那么,作为一线教师,如何改变这种局面?笔者认为关键在于改进教学方法,让学生主动参与,破除数学的神秘感,使数学贴近学生,贴近生活。正如德国哲学家海德格尔说:"教师,他得学会让他们学。"即让学生学会学习,学会思考,学会解决问题,简称"让学"。

《现代汉语词典》中对"让"可以解释为:把方便或好处给别人;《说文解字》中对"学"的解释是:"觉悟也。从教从冂。冂,尚蒙也。"由此可见,"让学"就是把学习的方便或好处让给学生,使尚蒙的学生觉悟、聪慧。"让学"在于让学生热爱学习,在于让学生学会学习。下面,笔者以"三角形的中位线"为例,谈谈数学课堂教学中的"让学"。

一、让出阅读

苏联数学教育家斯托利亚尔言:"数学教学也就是数学语言的教学。"而语言的学习是离不开阅读的,所以,数学学习不能离开阅读。

镜头一:阅读数学课本中"三角形的中位线"的相关内容

要求:(1)阅读数学课本必须认真细致:对新出现的数学定义、定理一般不能一遍过,要反复仔细阅读,并进行认真分析直至弄懂含义为止。在本课阅读中,就是要让学生清楚三角形中位线是什么。

(2)阅读数学课本必须勤思多想:重要的是理解其中的推理和数学含义,体会到其中的数学思想方法。通过本课阅读,让学生弄明白三角形中位线有何性质?

（3）阅读数学课本要求读写结合：要求用纸笔演算推理来"架桥铺路"，以便顺利阅读。通过本课阅读，让学生理解三角形中位线为什么等于底边的一半。

二、让出兴趣

兴趣是最好的老师。学生一旦有了兴趣，就会引发对所学知识的积极思考、主动参与、深入探索，变"要我学"为"我要学"。

镜头二："三角形的中位线"导入

课堂教学：进行"数格子"游戏，引入新课。如图 6-2-1 中，点 D、E 应处在什么位置？线段 DE 和 BC 有何关系？

课堂表现：学生兴趣浓，教师根据学生的回答切入主题。

课堂反思：教师思维活跃，具有活力，从自己感兴趣的东西入手，引发共鸣。

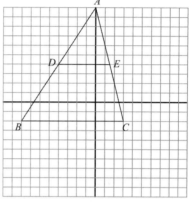

图 6-2-1

三、让出感悟

"让学"就是要把学习的权利还给学生，教师大胆放手，给学生提供自主感悟的机会。具体应落实在以下方面：其一，教师要给予学生充足的思考空间和学习时间。教师要坚信学生的能力不是"讲"出来的，而是学生在自己"学"和"探究"过程中培养出来的，只有学生自己"学"出来的能力，才能成为真正意义上的能力。其二，教师要给学生创造讨论交流的机会。思想只有通过交流和碰撞才能迸出火花。教师强抑着不让学生说，就等于堵了他们学习的一条渠道，久而久之，学生也就变成了被动接受外界信息的"容器"。

镜头三:关于中位线的概念的形成

教师教学:引导学生感悟三角形中位线的概念。

学生感悟:(1)什么是三角形中位线?

(2)如何画出三角形中位线?

(3)三角形有几条中位线?

(4)三角形的中位线与中线有什么区别?

课堂表现:学生参与数学阅读,动脑思考,感悟知识。课堂上呈现师生、生生交流的场景。

课堂反思:以"生"为本,了解学生,读懂学生;教师抓住了知识要点,使知识清晰,一目了然,让学生亲自参与感悟知识的形成过程,从而牢固地掌握相关知识。

四、让出实践

"让学"的着力点就是把课堂还给学生,让学生主动参与,并激励他们"动"起来,"活"起来。敢想(善于联想、合理猜想),敢问(鼓励质疑),敢说(讲述想法),敢于争辩(课堂讨论)。真正在在实践中学习数学知识,培养数学思维。

镜头四:关于中位线的性质的形成

教师教学:引导学生探究三角形中位线的性质。

学生实践:(1)沿△ABC 的中位线 DE 剪一刀,可得到两个什么图形?

(2)要把所剪得的两个图形拼成一个平行四边形,可将其中的三角形做怎样的图形变换?

(3)从上面的操作中,你发现了关于△ABC 中位线 DE 有什么结论?

猜想:如图 6-2-2,DE 是△ABC 的中位线,猜想 DE 与 BC 的关系?(位置关系与数量关系)

证明:能用几种方法证明你的猜想? 和同学交流。

归纳:三角形的中位线定理。

文字语言:三角形的中位线平行于底边,并等于底边的一半。

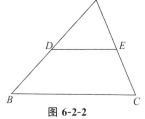

图 6-2-2

符号语言:如图 6-2-2,若 D、E 分别为 AB、AC 的中点,则 $DE /\!/ BC$,$DE = \dfrac{1}{2} BC$。

课堂表现:课堂活跃,气氛好,学生动脑又动手。

课堂反思:在教师指导下进行动手操作,目的性强,不是为剪纸而剪纸,而是让学生通过感性认识积累经验,从而引导学生进行理性思考。即通过操作,你得到了什么(三角形中位线的性质及证明方法),并通过书写证明过程发现问题并及时纠错。

五、让出思考

课堂教学活动,不仅仅是知识的传授和能力的训练,更重要的是师生之间、学生之间的信息传递、情感交流、思维碰撞。课堂教学活动,重在让学生学会学习,学会思考。在课堂上,要创造条件,使学生总是想在老师的前面,向老师(书本)挑战,让学生在思维运动中训练思维。敢于提出和解决众人"没想到"的问题,敢于对某一问题作出大胆猜测,通过对问题的探索,展开争论,让学生深层次地理解问题,真正弄懂弄通,从而自觉地、创造性地去应用、去发展。

镜头五:关于中位线的性质理解

教师教学:引导学生理解中位线的性质。

学生思考:

(1)你怎样理解三角形中位线的性质?

(2)三角形中位线的性质有何作用?

(3)三角形中位线性质有哪些地方可以拓展?

课堂表现:数学教学的重要使命是使学生通过数学学习学会"数学地思考"。在引导学生思考的过程中,教师要充分暴露学生自然的思维过程,激发学生思考争辩,鼓励多维交流,让他们在尝试、探索、解惑的过程中,在不同角度、不同层次的理解中,不断修正自己的观点,逐渐发现事物的本质,获得对知识的深入理解。

课堂反思:以"生"为本,了解学生,读懂学生;教师抓住了知识要点,使知识清晰化、网络化,一目了然,在思考中让学生快速地掌握知识。

六、让出反思

所谓反思,就是从一个新的角度,多层次、多角度地对问题及解决问题的思维过程进行全面的考察、分析和思考,从而深化对问题的理解,优化思维过程,揭示问题本质,探索一般规律,沟通知识间的相互联系,促进知识的同化和迁移,进而产生新的发现。

(1)反思知识的形成过程,揭示问题本质,试着用自己的思维方式去发现或创造有关数学知识。比如:引导学生探究三角形中位线的性质时,可以借助计算机开展数学实验,利用计算机的《几何画板》软件探究三角形中位线为什么等于底边的一半。

(2)反思知识的内在联系,鼓励学生对知识追根溯源,激励同学"浮想联翩"。数学学习的过程是知识的同化和迁移的过程,而反思是同化和迁移的核心步骤,通过反思可以挖掘知识间的内在联系,使同学体会"联想总是油然而生的感觉"。比如:由三角形中位线联想到可否构造四边形中位线?进而推导梯形中位线有关性质,等等。

总之,随着教育改革的不断深化,唯有"让学生学"才有可能适合每一个人,发展每一个人,让每个学生真正"成为他自己""变成他自己",这就是教育发展的应然追求。

第三节 "由感而悟"品数学的教学感悟

一、如何实现教师的自我教育

(一)以他人为"镜",自我反思

自我反思与觉醒是自我教育的前提,孔子说:"三人行,必有我师焉,择其善者而从之,其不善者而改之。"他认为贤与不贤均可为人师,关键是自己要独立思考,善于辨别。在新课改的今天,在教改专家的指导下,教师队伍中涌现出大批优秀的先行者,他们有理论、有实践。我们应该随时以他们为"镜",不断地自我反思,反思自己的知识体系、教学方法与能力等,寻找差距。针对自己的不足,向优秀教师学习,不断提高自己的理论水平,学习他们切实可行的课改经验,提高自己的教育、教学能力。

（二）以学生为"镜",自我评价

自我评价和定位是自我教育的基础,实事求是地评价自己是自我教育、自我完善的重要途径之一。对于教师而言,学生是教育的对象,学生的成长是教师最大的成就。因此,面对课改,教师需要关注的就是学生。全班几十名学生,几十个脑袋,几十双手和眼睛,他们的智慧是无穷的。教师要善于主动虚心向学生学习,鼓励学生敢于考老师,给教师出难题,培养学生好问、善思、自学的好习惯,才能促进教师知困自强。同时提倡师生平等,鼓励学生批评老师,自觉接受学生监督。只有以学生为"镜",才能让教师真正认识自己、评价自己,在不断学习中进行批判性的反思,提高自己接受继续教育的主动性,获得真正意义上的发展。

（三）以自我为"镜",自我超越

自我否定与强化是自我教育的关键。新的课程改革,实质上是对传统的教育教学观念、思维方式、课堂管理等进行的一次前所未有的改革。因此,经常回忆反思"旧"我,将现实的我与过去的我相比较,总结过去的经验教训。如写教学日记、反复观看自己的录像课等,都是自我教育、提高教学质量的好方法。将现实的我与将来的我（即理想的我）相比较,不断给自己树立新的目标,找出差距,激发自己不断进取,实现自我超越。

（四）以教育实践为"镜",自我创新

自我实践与体验是自我教育的保证。通过向书本学习,向他人学习,向学生学习,产生新的教育思想观念,学得许多好经验,与自我比较,找到差距,提出新的奋斗目标,形成新的想法和计划。只有通过教育教学实践,才能检验自己的新思维是否正确,并不断修正完善,从而将知识转化为教育教学能力,经过反复的实践,形成自己独特的行之有效的教学风格,这就是自我创新。

总之,在新课程环境下,教师只有在自我驱动、自我监控、自我考评、自我发展的过程中,不断地否定现实的自我,促进现实自我向理想自我转化,教师才能不断地发展和进步。

二、感悟"教育的自然、文明与理性"

吉林省第二实验学校关尚敏校长在"教育的自然、文明与理性"中谈道:"我们的教育面向两个世界,一个是科学世界,一个是生活世界。从人的理性出发,教育必须走向科学世界,从人的生命出发,教育必须走向生活世界。"所以,她提倡教育必须自然、文明与理性:自然——源于生活的教育,文明——尊重生命的教育,理性——注重方法的教育。

她的观点引起笔者的共鸣:当前我们的教育"自然、文明与理性"吗?作为教师,我们该从何做起? 以下一些教育理念值得我们思考。

(一)教育是使生命成长的事业

(1)在无法改变孩子的时候就去改变自己。
(2)在细小琐碎的事中寻求教育的灵性。

(二)平等、尊重、热爱是最基本的学生观

(1)有学生情结才有教育情结。
(2)让学生明明白白地成长。

(三)让孩子在人生的经历和体验中学会反思和完善

成长是快乐的;成长是自主的;成长是互动的;成长是超越的。

(四)基本文明习惯的养成是德育不可或缺的组成部分

(1)每一项活动都是文明养成的载体(为文明健康而操练,为快乐和谐而歌唱);每一块墙壁也是生长文明的地方。
(2)每一个孩子都代表学校的文明形象。

我们现在做得的确还不够好,值得庆幸的是,我们的学校——厦门集美中学正朝着这一方向在努力,以上许多教育理念也正是我们的校长正在倡导的。

三、认识新课程，做明明白白的教育人

（一）基本理念

让学生全面而有个性地发展；强调情感、态度、价值观；强调获得知识的过程；强调问题、探究；强调选择。在这种理念支撑下，作为一线教师应该有所改变，不能再用旧的教育理念和模式来"教"学生，要对原有的教育思想、教学方法反思、改变、提升。

新课程环境下，教师角色的根本性变化：第一，由维持型向创造型转变：维持型教师只是维持固有的、已知的经验和原则，而创造型教师是勇于探索、积极创新、不断超越。第二，由本体型向指导型转变：本体型教师是指强调以传授知识为本，尤其注重书本知识的学习；而指导型教师是在传授知识的同时更强调学习方法的指导和对学生的成长困惑的指导。第三，由再现型向研究型转变：再现型教师只是再现知识，教学以课堂与书本为中心，强调灌输式和注入式教学；研究型教师关注现实和学科教学发展前沿，把教学和研究结合在一起。第四，由单一型向全面型转变：单一型教师只教一两门课，只能适应"应试教育"的要求；全面型教师知识渊博、多才多艺、和谐发展，既是学者和教学者，又是交往者和决策者。这些转变要求教师不断地学习，在学习中发展和完善自己，以适应新课程改革的需要。

（二）课改大方向

大方向的变化：以知识为本（过去）；以人为本（现在）（东北师范大学原校长、数学课标修订组组长史宁中提出）

以知识为本：关注知识的传授、学生是否接受。凯洛夫的"三中心论"：课堂、教科书、教师。

以人为本：关注学生的全面成长、培养学生核心素养；站在受教育者的立场思考，倡导尊重的教育。

新课程环境下教师的新追求：努力成为一名好的教师（热爱教育事业，认为从事教育工作是人生价值的体现，是兴趣之所在）。

（三）数学科的最大变化

由"双基"到"四基"，即基础知识、基本技能、基本思想、基本经验。

由"两能"到"四能"：发现问题、提出问题、分析问题、解决问题。（史宁中提出）

1. 关于经验的积累（基本活动经验）

传统的教育重视知识的传授和技能的训练。知识在本质上是一种结果，可以是经验的结果，也可以是思考的结果。培养学生核心素养教育不仅要重视知识，也要重视智慧。智慧并不表现在经验的结果上，也不表现在思考的结果上，而表现在经验的过程中，表现在思考的过程中。

过程的教育不仅仅是指在授课时要讲解或者让学生经历知识产生的过程，甚至不是指知识的呈现方式，而是注重学生探究的过程、思考的过程、反思的过程。因此，组织学生的学习活动是必要的。

2. 关于思维的训练（基本思想）

许多教师习惯于反复训练，有的学校提出：一看就会、一做就对。这种学习有思考吗？没有思考就没有思维的训练。

过去的教育重视的是演绎：基础知识（概念记忆与命题理解）扎实；基本技能（证明技能与运算技能）熟练。绵延千年的科举重视基本功：知识记忆和操作技能，强调熟能生巧。

还缺少什么？缺少根据情况"预测结果"的能力、根据结果"探究成因"的能力。

正如杨振宁曾在他的《我的生平》中说道："我很有幸能够在两个具有不同文化背景的国度里学习和工作，我在中国学到了演绎能力，我在美国学到了归纳能力。"

（四）新课改数学教学的着力点

（1）培养学生的学习兴趣。在情境中展开教学内容，讲背景，改善教学内容的呈现方式；

（2）启发式教学，摒弃"满堂灌"。

（3）强调活动，教学活动是思维的活动。怎样引导学生的活动呢？其中一个指标是，看学生有没有主动的高水平的思维活动。重操作、轻思维不可取。学习需要学习者的亲身体验，亲身感受。教学的根本目的是发展学生的能力。

（4）从问题开始，以问题引导教学过程。问题是教学的心脏，教学应当从问题开始，以"问题链"方式组织教学内容，以问题引导教学过程。"问题"是引导学生活动和参与教学过程的动力。

（5）暴露思维过程，坚持"推迟判断"的教学策略。教学必须讲"过程"，坚持"推迟判断"，不要轻易"捅破窗户纸"。有时，没有结论的过程可能比教师给一个现成的结论好。讲"是什么"，更要讲"为什么"——对学习困难的学生更是如此。要讲道理，少强加于人。

（6）提倡教学民主，正确处理"预设"与"生成"的关系。要尊重学生的认知心理过程，让人把话讲完，要注意倾听！不要扑灭学生思维的"火花"。关注学生的学习行为，重视学生在课堂教学中的"参与度"。教学民主需要教师：挑战自我，让自己活动在能力的边缘，让学生活动在自己的思维中（能力最近发展区）。

（7）学生力所能及的事要引导学生自己去做。好的教师是"想"给学生"听"，差的教师是做给学生看。什么是教师该做的？什么是该让学生自己做的。想一想，学生离开你怎么办？在教师与学生之间，教师永远是外因，学生则是内因。外因只有通过内因才能起作用。不是自己的知识是无用的知识！教师那里的知识再好，如果不能成为学生的知识，就是无用的。

（8）授人以"鱼"，更要授人以"渔"。不仅要教学生"学什么"，更要教学生"怎样学"，不光注意知识教学，更要注意思维方法的教学。

（9）多元联系提示要提倡变式教学。通过对同一个问题的不同形式的表达，从各个不同的角度认识、把握事物本质，以便迁移、运用。要帮助学生建立一个好的认知结构。不成系统的知识结构不是好的知识结构！

（10）发挥工具在教学中的作用（包括信息技术）。任何可以增强教学效果的工具、手段、方法等都应该努力拿来用。不可忽视信息技术在增强教学效果方面的作用。

四、谈课堂教学的体会

课堂教学是学校教育的重要形式，是学生通过教师引导学习知识、掌握学习方法的主要阵地。课堂教学质量的好坏，关系到学生成长问题，关系到人才培育问题。教师具备丰富的知识，把握课堂教学的金科玉律，是教好书、育好人的关键。但每个人不是天生能师、名师，都是从初出茅庐走过来的，笔者也如此。曾经刚踏上讲台的那几年，虽有万丈雄心，却遭百般挫折，学生喜欢，但成绩不如预期。在失败中成长，在失败中总结。在课堂教学中，我们常常会走进这样那样的"误区"，影响课堂教学的质量，现将这些"误区"浅议于后，和大家一起共勉。

（一）误区一：拔高教学要求

对课堂教学内容进行拓展延伸，或是在对学生疑难问题进行讲解时，在不知不觉中拔高了要求，运用了更高的知识，没有把握《数学教学大纲》要求，没有考虑到学生知识结构的局限性，使得学生"云里雾里"，问题不但没解决，还越来越多。学生满脑子问号，似懂非懂。

建议：换位思考，站在学生的角度去备课、授课；多考虑课堂教学的有效性（大多数同学能学懂）。

（二）误区二：内容安排多，重点教学不突出，走马观花

在数学科教学中，每一阶段都有训练重点，每一节课有教学重点。教师们往往怕顾此失彼，希望面面俱到，力求完美，结果则适得其反。学生在每方面都涉足了，却都没学精、学牢，重点知识知其然不知其所以然。

建议：突出重点，精讲精练（一节课力求解决好两三个问题）。

（三）误区三：低估学生，讲多练少，学习方法指导不够

教师讲得太多，学生练得太少，究其根本原因是老师低估了学生能力。学生知识虽然有较大局限性，但教材上的知识点，学生通过积极动手动脑，通过合作探究，是能找出一些解决问题的方法的。我们要相信学生行，一定能行。

建议：（1）相信学生，把时间还给学生（多讲，少讲和不讲）；一节课讲20分钟左右。（2）加强学法指导（抓习惯与规范，如：预习习惯、听课习惯、作业习惯、纠错习惯、反思习惯等）。（3）教师的角色：组织者、引导着、服务者。

（四）误区四：提问不精，要求不清

提问不精在教师中具有广泛性，教师在课堂教学中不经意就会犯错。课堂教学中的提问不是简单的判断题，它是对学生学习探究方向的引领。提问太简单容易造成学生回答问题随意性大；问题太深，学生通过认真学习都回答不出，容易造成学生"冷堂"，挫伤学生动手、动脑、口答的积极性。

提问和要求是互相联系的，一般来说，提了问题后，必定对学生在解决问题中容易出现的歧途进行规范要求。学生带着精确的问题，在明确的要求下进行探究学习，能提高学习效率。

建议:提问具有普遍性、针对性和思考性,且对学生学习探究方向具有引领作用。

(五)误区五:课堂练习没有针对性,课外练习不到位

教师在指导完学法后让学生去做题练习,学生错了再做,错了再做,直到学生做对为止。教师却没有根据批阅中发现的普遍问题或代表性问题进行集体订正,不能达到查漏补缺的目的。更有甚者,新内容与旧内容交替太多,淡化了学生对新知识的理解。另外,课外巩固练习不到位也是教学质量提不高的重要因素。德国著名心理家艾宾浩斯的"遗忘曲线"描绘得很清楚,儿童记忆得快,忘得也快,因而必须对所学知识进行巩固。可见课外巩固练习的必要性。

建议作业、练习要做到:发(布)必收,收必改,改必评,评必励,错必纠(每天面批几个学生,每个学生都有错题本,重视分层布置作业)。

也许每个人都有误区,每个人的误区也不一样。我们认识误区是走出误区的前提。然而走出误区不在一朝一夕,是要经过自身的努力,逐步转化的。

那么,作为教师如何真正把握好课堂,把备课的设计与创意转化为学生的实际收获呢?下面笔者谈几点体会。

1.吸引留意

留意是学习的第一个窗口。它是感知的基础,是认真听课、正确理解、提高效率、保证质量的必要条件。学生的学习留意力是在学习中逐步形成的,教师一上课就要千方百计吸引学生,保证学生把留意力放到课堂上。

(1)上课前,要提前2分钟来到教室门口,让学生安静下来并做好上课的物质预备与心理预备。

(2)精神饱满,登上讲台。学生的眼睛是亮的,感觉是敏锐的。时常见面的老师,精神抖擞、满面春风地走上讲台,会引起孩子们的留意,就很容易吸引孩子。否则,情绪低落极易产生负面影响。

(3)留意学生的心理活动,及时转移留意力。

① 起立,师生问好、行礼,把学生分散的留意力集中起来。

② 调整情绪,从容开讲。不论个人有什么不好的心情,都不要带到教室内。

③ 用出色的开场白导入学习。用猜谜语、讲故事、说趣闻、做实验等巧妙地导入来调动学生的积极性,创造出各种与课堂教学目标相对应的情

境,引起学生的爱好,使他们产生急于学习的一种心理。传统的"今天我们来学习这一课"等单调的导入会让学生感到枯燥无味或产生厌倦的心理。

④ 留意运用复述法、总结法、悬念法、任务法等不同的方法结束课堂教学。

2.课堂控制

无论教案预备得多么充分,课堂总会出现一些意外的情况,这些意外有的是我们所期望的,有的可能不是,这个时候需要机智地处理。

(1)控制感情。假如学生的表现背离了老师的期望,特别是出现了严重差错的时候,老师要控制感情,不要发火。静心想一想:学生为什么会这样想? 这种想法有没有合理的成分? 这样的错误有没有利用的价值? 我的教法还有哪些值得改进的地方?

(2)控制程序。整个课堂可以分为目标导入环节、自学探究环节、合作交流环节、反馈矫正环节、拓展引申环节等,要留意不同内容与课型,用不同的顺序来展开,常用的有问题—探究—交流—小结—应用、情境—体验—表达—延伸、整体—部分—整体、局部—整体—局部等。当学生的活动打乱了预定的程序时,老师要留意对教学程序与时间做出相应的调整。

(3)控制方法。讲重点,讲难点,讲学生易错、易混、易漏的知识点,学生已经会的不讲,自己能学会的不讲,讲也不会的不讲。

(4)控制容量。对不同类型的学生的要求应当有所不同,让好的学生有发展有提高,基础差的学生要学会最基本的东西。可以考虑设置选择性的学习任务。

(5)控制难度。同一个知识点、能力点的难度要有所控制,时常想一想:哪些学生能学有余力,哪些学生学起来吃力,要留意控制在学生跳一跳能够得着的范围之内。

3.创造气氛

课堂气氛,是指课堂教与学所营造出的特定氛围,它可能是活跃的,也可能是沉闷的,可能是有序的,也可能是混乱的。良好的课堂气氛,是指在课堂教学中师生群体所表现出来的积极的情绪状态。好的课堂教学气氛应当是:既生动活泼又井然有序,既独立思考又认真交流,既有课上的满足收获又有课下的主动探索。

(1)用自己美好的形象与热诚去创造课堂气氛。

(2)除平常了解学生的爱好、特长、兴趣外,课上要运用语言、手势、眼神等多种方式与学生交流,让每个孩子都感受到老师在关注他。

（3）组织活动时,要建立学习规范:如,专心想、积极说、仔细听、认真做。

（4）课堂每隔15分钟左右,要留心学生兴奋状况。既不要让课堂过于沉闷,又不要让学生过度兴奋,出现混乱和失控。

（5）对表现欲特别强的学生要给一点挑战性的问题,使他们安静地思考。

（6）对性格内向、不善表达的学生可以课前约定,让他们集中精力、动脑想、动口说、动手做,给他们展示自己的机会。

4.激发爱好

（1）要专心设计主导性的问题,牵动整个课堂,使学生进入一种特定的情境或急于知道问题的奥妙。

（2）课堂展开的步骤与环节符合学生接受与发现的心理,几个板块之间要清楚、自然、连贯。

（3）学习内容要留意适当联系学生的生活、道德、心理等实际,让他们感觉到学习的知识就在自己的生活中,感觉学习是有趣的、有用的。

（4）对学生的良好表现,要给予即时性评价,用语要具体,起到激励作用。

（5）对学习困难的学生要给予特殊的关照,进行有针对性的个别化教学。

5.发挥主体作用

（1）始终把学生浓厚的爱好、饱满的情绪、良好的习惯、有效的方法,当作教学的养成目标去追求,体现在每一节课上。

（2）老师要充分了解学生学习的现有基础,贯彻"因学定教"的原则,抓住重点、难点,将教学的起点确立在学生能接受的范围内。

（3）老师要把主要精力放到学生身上,根据课堂情况进行灵活调节。

（4）课堂活动要留意组织学生眼到、手到、心到。

（5）要重视激发学生的质疑与组织有效的讨论。

（6）一节课要精心创设一个出色之处,让学生精神最兴奋、情绪最高涨、思考最活跃、动手最投入、表达最迫切。

（7）精心设计变式练习的量与度,用亲切、生动、活泼的材料引起学生的思考与动手做的兴趣。

（8）在知识的小结处,有意识地引导学生说说自己的感想、发现。一堂好课的标准:听完这节课,学生是否更喜欢你,更喜欢你的学科。

让我们共同努力,朝着这一方向努力吧!

五、数学学习中学生的差异在哪里

在平时的教学中,老师们经常说:同样的老师、同样的时间、同样的课堂,怎么学生的学习成绩差异这么大呀!这就是数学学习中学生的差异,即数学学习质量的差异。那么,在数学学习中,学生的差异究竟在哪里?

据调查分析,笔者觉得学生数学学习的主要差异在三个层面:一是学习的记忆因素,二是学习的理解因素,三是学习的策略因素。从整体上看,优等生的数学认知目标结构处于策略水平,中等生的数学认知目标结构处于理解水平,学习潜能生的认知目标结构处于记忆水平。三类学生数学学习的差异,从根本上说是元认知的差异。因此提高学生数学水平的关键是提高数学元认知能力。

现代心理学把人的认知活动划分为两类——认知和元认知。所谓认知是指对客观事物的特征及事物间联系的反映,其对象是有关问题、资料等具体的信息,其过程是对这些信息进行的编码、储存、提取、应用等具体操作;而元认知就是对认知的认知,是"个人对自己认知加工过程的自我觉察、自我评价、自我调节"。从更为广泛的角度看,元认知是"任何以认知过程与认知结果为对象的知识,或是任何调节认知过程的认知活动",元认知活动表现为对认知活动的计划、支配、监督和调控。在数学活动中,概念的理解、定理的记忆、命题的证明等活动属于认知活动,而怎样理解、如何记忆、解题策略的选择、步骤的规划、结果的评价等属于元认知活动。

反观我们的教育、教学活动,我们是否对学生的认知活动关注得多,对学生的元认知活动关注得少了?所以提高学生数学学习质量的关键是提高数学元认知能力,对不同层次的学生进行不同层面的元认知能力训练。如:对学习潜能生应该从提高他们的记忆水平开始,讲授数学学习基本策略知识,如一些记忆的方法等;对学习中等生应从提高他们的理解力入手,引导学生多掌握分析问题的方式、方法,即提高解决问题的能力;对优等生从学习策略的培养入手,培养学生如何进行有效学习,如何提高学习质量,进行学习策略意识教育,如:预习的策略、听课的策略、复习的策略、解题的策略等。

六、面对学困生，谁该反思

在平时教学中，教师常抱怨：学生怎么这么差，连这么简单的问题都听不懂？面对学困生，究竟谁该反思？

三件小事引发的思考：

小事之一：新学期第一次课，班级调整位置，我对个子矮又坐在后面的同学作了调整。正式上课了，一位同学一直低着头，不看黑板。后来发现他正在看小说，我没收了他的小说，下课找他谈话，他气鼓鼓地冲我说："同学都说，你不理我。"待问清缘由，才知刚上课时，他认为自己应该调整位置，而我没注意到他。所以想用看小说来报复我。

小事之二：我检查作业，发现有的学生没有完成，于是要求他们在作业本上重做一遍，第二天再次检查。有一位同学整整齐齐地把作业交了上来，但只是把题目抄了一遍，该填、该写、该改的地方还是没改。

小事之三：上课提问某位同学，他站起来说：老师，我没有听清楚，老师再次重复问题，他却说：我不会或没想好。

这三件小事发生在笔者所任教的班级同一名学生身上，也许大多数人都猜到，他就是学习困难生。他让我们看到的似乎都是缺点和问题，学习成绩差，注意力分散，上课纪律观念不强，脑子反应迟钝等。但是，学困生作为学校教育的重点对象，作为教师，你是否真正关注过他们？分析过他们？继而采取有效的办法帮助他们？我们该认真反思。

教师眼中的学习困难生之所以有这么多的缺点和不足，是由于教师习惯用一个标准去衡量，如衡量学生的发展，只有分数做标准；衡量学生的学习方式是否正确，只用上课是否乖乖地听课、是否遵守纪律作为唯一的标准；衡量学生是否聪明，只用反应速度的快慢作为衡量标准。而事实上，不能单单只有学习成绩一个衡量标准，还有学习态度、学习情感、学习习惯以及学习的价值观等标准。因此，笔者觉得教师应该换一种思维方式来认识学困生。比如，有的学生上课注意力分散，那么可能是一个发散性思维比较好的学生；有的学生写作业很拖沓，那么可能是一个仔细周全的人；有的学生非常懒惰，那么可能是个非常放松的学生；等等。如果把学生不可忍受的缺点换一种角度去看，就会变成一种积极的品质，教师就会对学生产生很多好的期望,而教师的期望可以促进学生的发展。因此,笔者从另一个角度对这位同学进行了分析:(1)由调位置事件,笔者意识到:他迫切希望老师关注他、尊重他;(2)课后作业不缺交,而且能按老师要求一次一次重做(虽然只是抄题目),说明他学习有困难,但还具备上进心,需要老师帮助;(3)老师上课提问,他心不在焉,说明常规的课堂教学并不能吸引他,导致他缺乏回答问题的信心和勇气。通过对这位学困生的个案分析,使笔者认识到:学困生被人看到的往往是缺点和毛病,是一些让人可笑的地方,而那些潜在的积极因素往往被埋没掉,或不被注意,继而教师不能采取有效的方法去帮助他们。要创造适合学困生的教育,教师必须重新认识学困生,反思自己的教育、教学方式。

创造适合学困生的教育,笔者觉得应该从人的自身出发。教学的对象是一个活生生的发展中的人,学困生更是如此,他们具有鲜明的个性。因此,对学困生的教育要以激发他们的情感,培养他们学习动机、学习兴趣,养成顽强的学习意志和良好的学习习惯为目标,从而更好地调动学困生内在的驱动力。以下介绍笔者在平常教学中总结出来的几点认识。

(一)平等对待,呵护自尊

苏联著名教育家苏霍姆林斯基说过,如果一个人从儿童时代起就缺乏自尊心,那对他还有什么指望呢?所以平等对待、呵护自尊对学生的发展至关重要,特别对于学困生,作为教师应努力设身处地为他们着想,想想他们的困境,想想他们内心的期望,想想他们处于学习困难中的滋味。只有这样才能放下"先生"的架子,正常地和学困生交往,真正把学困生当朋友,成为在教学过程中一起成长的朋友。

(二)创造机会,鼓励成功

教育的目的是促使学生主动地发展。有一句话说得好:"成功,是成功推动的。"一个孩子如果一连几次考试不及格,就似乎向自己的命运妥协了,觉得什么都无所谓,而且这种无所谓成了大家的笑柄,正是这一点成了他们不想学习的原因。因此,多给学困生创造成功的机会尤其重要。

(三)扬长避短,增强自信

《学记》中有句名言:"教也者,长善而救其失者也。"其含义是,教育者的作用是发扬学生的优点,纠正孩子的缺点,使其对自己充满信心,使周围的人对其充满希望。学困生常因考试成绩差,被认为"差""后进""笨",导致他们对这种不公平的评价表示出不满、反抗,或对自己的一生丧失了自信。因此,多去挖掘学困生的潜能,发现他们的智能优势,捕捉他们身上的闪光点,利用课堂、课外活动及社会实践等机会,帮助实现他们的"闪光点",并及时给予赞许和表扬,以激励他们进取,这对于增强他们的自信心非常重要。

(四)消除障碍,培养品质

学困生要取得进步很不容易,免不了会遇到很多的"不如意""不顺心"。这些"挫折"常常会影响学习的积极性,老师要密切注意,适当给予帮助。

(五)调查研究,对症下药

通过调查研究,找到学困生学习困难的原因,然后对症下药是创造适合学困生教育的关键。学困生大致可以分为三类:一类是认知障碍型,即在认识问题的能力和方法上有偏差,思路不对,导致学习困难;二类是情意障碍型,即学习非智力因素有问题,诸如兴趣匮乏、情绪急躁、意志薄弱等,导致学习困难;三类是技能障碍型,即学习的方式不对,基本功不扎实,导致学习困难。针对这三种类型的不同原因,应该具体问题具体分析,对症下药,设计出不同的教育、教学方法,帮助学困生。

七、面对学困生,该关注什么

案例一:语文课上,张老师听写生字,王同学一个字写错了,做作业时这个字又错了,第二天考试,这个字还是错了。张老师非常生气,在办公室大发雷霆,批评王同学说:"你怎么连一个字都写不清楚! 真是猪脑,回去罚写 500 遍。"

案例二:一天,上数学课时,一学生干部突然跑到办公室来,上气不接下气地说:"王老师,不好了,小明上课讲话,挨了老师的批评,他不服,当众与老师顶撞起来。老师叫他到办公室来,他不听,弄得教室充满火药味,没法上课。"班主任王老师当即冲到教室,将这家伙"请"到办公室,不由分说狠狠地训了他一通:"别人在干什么,你又在干什么? 违反了纪律,还不许老师说你,谁给了你这么大的特权? 敢如此嚣张? 下课后马上向数学老师认个错。”

这是发生在老师办公室同一天的两件事,大家都能看出被批评的学生是学困生。我们不禁会问,老师的这种教育方式究竟效果如何? 面对学困生,作为教师究竟该关注他们什么?

(一)案例分析

案例1老师观点:王同学学习不用功,仍然执迷不悟、一错再错,太没有记性,我这样做的目的就是要让他有更深刻的印象,今后能更主动投入学习。

专家对案例1的透视:张老师的做法虽然能让王同学有刻骨铭心的印象,也许让他一辈子都能记住这件事。但是作为教师有没有考虑到学生的切身感受? 通过这件事后,学生还能对语文课感兴趣吗? 还能对写字感兴趣吗? 对老师还有信任和好感吗? 如果没有,这样的失去,未免代价太大了!

案例2老师观点:这位班主任认为:上课时,老师批评学生,即便老师错了,冤枉你了,学生也不能当场与老师顶撞,必须保留意见,顾全大局,下课后再找老师解释。这样才能体现做老师的威严,才能把学生镇住。

专家对案例2的透视:班主任老师在还没有弄明白具体情况时就一股脑儿地批评学生,而且还要求学生承认错误。这样做能让学生服气吗? 能保护学生的尊严吗?

面对学困生的执迷不悟、一错再错,老师确实很容易冲动。有时候,一句批评不慎之词,会导致师生关系恶化,后续教育难以进行。所以,把握分寸,以心换心,是老师要练的“硬功”。

(二)案例反思

这两则案例给笔者的启示是:学困生首先需要理解、尊重和信任。苏霍姆林斯基说:“教育是一种最为精细的精神活动,我要把教育者对受教育者的影响比作音乐的影响。在这样的精神活动中,老师的每一句话都会拨动学生心灵的琴弦,无论学生犯多大的错,你说出的话都得以尊重为前提,都得入情入理,他(她)才会接受,你的教育才能达到目的。大多数时候他们并不需要老师的责罚,只需要你给他们一点时间,他们就能以自己的行动证明自己原来所犯错误只是一时的。”其次,学困生需要真心的关爱。要真正地转化学困生,老师除了要转变对他们的态度外,还要真心实意地为他们做点事,帮他们一下,拉他们一把,给他们"特殊"关照,千方百计减少他们学习中的困难,把他们纳入学习活动中来,防止学习上的学困生进一步演变成品行上的"差生",这是每个教育工作者必须担负起来的神圣使命。

（三）教育对策

教师在教育转化学困生时要有耐心,要制定一个分阶段实施的循序渐进的方案,不要指望一蹴而就。首先要维护、激发他们的自尊,挖掘他们的亮点,长善救失,帮他们树立起做人的信心。其次,老师要对他们给予特别关注,通过各种帮教措施使他们融入学习中来,从而避免被课堂边缘化,避免走向教师的对立面,这是素质教育的要求,也是学校、社会全面、和谐发展的要求。最后,教师要冷静面对学困生的反复,给他们冷静思考和内心冲突的时间和空间,把他们犯错误看成是走向成熟所应付出的代价。只有让学困生觉得自己是重要的,是受到教师重视的。尤其是班主任老师,更要尊重学困生,"尊重是所有成就的起点与第一颗种子,是能力的基础。"正是因为学困生得到了教师的重视、同学的肯定,他就会感到自己的存在对集体、对同学是有价值的,他们就能以教育过程作为展示自身价值的舞台,就会感到受教育的快乐。这种快乐同样也成为促进学困生进一步发展的内在动力。

八、如何矫治学困生

下面我们结合一个案例来谈谈学困生的症状分析与矫治。

学困生的个案分析与矫治

1. 个案基本情况

姓名:王龙,性别:男,年龄:15岁,籍贯:安徽,班级:初三(7)班。

家庭住址:原籍安徽,现在厦门集美租住民房。

2. 问题行为概述

(1)行为方面:

① 学习成绩差,经常拖拉作业,经常要抄袭别人的作业。

② 经常说谎,为人不诚实,脾气倔强,经不起批评。

(2)学习方面:

对学习缺乏兴趣,上课注意力不集中,没有持久性;做事懒散,每天上学总迟到。

(3)性格方面:

性格暴躁,容易冲动,爱发脾气,自控能力差,散漫任性;有缺点或错误难以承认,坚决不改,并千方百计找碴,说别人的不是,把所有的错误和责任都强加在别人身上。

3. 个案生活背景

家庭关系:(1)父、母亲是安徽来厦,租住在农村的私房,居住条件较差,在菜市场卖水果,整天忙于生意,无时间管教孩子。(2)母亲和父亲文化水平低,看不懂孩子的作业,更无法辅导孩子作业。(3)父母看上去忠厚老实,但对他百依百顺,造成了他脾气任性,而有时又为了种种事情,对他要么就是管不了,要么就是大打出手。(4)由于他脾气倔强、任性,家长管不了,使他养成了种种不良的习惯、性格和行为、学习出现了明显的偏差,再加上自己贪玩,最后导致学习成绩较差。

4.症状分析

经过查阅心理资料,并结合王龙同学的平时行为表现以及对周围同学的调查,我对此进行了分析:

(1)王龙同学有很强的自卑感。

由于家境贫困,身着破衣烂衫的王龙同学在身穿漂亮的新裳,倍受父母疼爱的同学面前,感到失落、低人一等,自尊心很强的他感到无法与人相比,情绪低落,害怕别人看不起自己,不愿与别人交往,缺乏自信心,无竞争意识。蔓延到学习上,对学习失去了兴趣,注意力涣散,得过且过,导致成绩一跌再跌。成绩的倒退、同学的白眼与老师的批评更加激起了他的自卑,从而造成新一轮的恶性循环。

(2)王龙同学有很强的孤独感。

虽然在一个班集体里,可是他完全感受不到集体的温暖。由于没有同学愿意与这样的"差生"来往,自卑心理严重的他产生强烈的孤独感,进而引发孤僻、不合群等各种不良心理。这使他很少去关心他人,也不会被他人关心,固执己见,唯我独尊地去追赶别人,但又对别人的成绩感到嫉妒,别人失败则幸灾乐祸,不乐意与别人交往,封闭自我,很少去参与集体性的活动;缺少知心朋友,更使他孤僻内向,离群索居。

(3)王龙同学还伴有焦虑和紧张情绪。

由于他学习基础差,学习中的困难多,又缺乏同学的帮助与交流,导致作业不能及时完成,一次次的作业越积越多,成为他心中沉重的负担。在这重负之下,他想去做又无从做起,他无力回避又无能为力。在老师的批评与催促之下更加紧张、着急,在这种情绪中难以自拔,陷入了痛苦的深渊,却又那么无助,于是在心理上必然引起自我防卫,借助玩耍找回快乐,摆脱烦恼,作业却一拖再拖,面对老师时,只能去抗拒,用沉默来应对。

综上所述,王龙同学由于自卑引发的一系列心理反应,使他陷入难以自拔的境地,饱尝痛苦与失败,急切需要别人的关心与帮助,如果得不到及时的心理疏导,在恶性循环中就会毁了他自己。

5.心理治疗

心理治疗刻不容缓,分析了王龙同学的内心世界,我仿佛也感受到他所承受的痛苦与煎熬,我决定帮助他。

(1)用言行感化他,取得信任。

"亲其师,信其道。"我要首先让他相信我,我放弃了在全班点名批评的做法,并寻找机会接近他。一天放学后,我的教学参考书丢在班级里,这时他正一个人在办公室外玩,于是,我便让他帮我把书取来。他高兴地答应了,并飞快地取回了书。正巧办公室已无其他老师,我就在他刚要离开时叫住了他,选择了一个轻松的话题与之交谈。以后的时间里,我又多次与他进行了谈心,慢慢地,他在我面前不再沉默了,敢于和我说说他遇到的开心事,表露自己的想法,作业也能做了一些。

(2)放大他的优点,使其树立自信。

他在我面前敢抬起头,还只是第一步,但已初步使他有了自信。我更应该让他在同学们面前充满自信。在课堂上,他有一次一节课举了两次手,我指名让他回答,答案基本正确,我对此大加表扬,并让同学们为他鼓掌。这一节课中,他脸上写满了喜悦,能坚持认真听讲,我在下课前,又对他进行了表扬。从此以后,我在课堂中时时可见他高举着充满自信的手,我便常常把机会给他,他渐渐"得意"起来。有一次大扫除,他负责打扫办公室,很是卖力,我在班会课上专门进行了表扬,还要求小组给他加分,他那高兴劲就别提了。在与他谈心中,我告诉他这段时间他进步很大,鼓励他继续努力,相信自己也不比别人差,别人能做到的他一定也能做得到,在其他方面也同样会做出成绩的,他满怀信心地点了点头。

(3)教给方法,指导学习。

有了前进的动力,关键要明确前进的方向,对此,我对他进行了指导:

①树立远大志向,明确奋斗目标。为此,我设计了一次"我的理想"主

题班会,让同学们畅谈自己的理想,王龙说:"我长大要做一名工程师。"接着又谈了自己的打算,我和全班同学为他鼓掌。课后,我找机会和他进行了交谈,肯定了他有这样的志向了不起,相信他长大后一定能实现自己的理想。又顺势讲了几位名人为理想而不懈奋斗、最终取得成功的事例。最后告诉他,只要努力一定能达到自己的目标。通过这次班会和谈话,他的信心更足了。

②优势互补,克服困难。针对他完成作业困难的情况,我安排学习委员专门帮助他,形成"一帮一"的互助学习小组,告诉他遇到不会的问题可以请学习委员或老师帮助。在作业布置上,我改变以前"一刀切"的方式,采用阶梯性作业、自主作业等多种灵活多变的形式,让学生自主选择,能做多少就做多少,从而避免了"优生吃饱,差生吃不了"的现象。王龙同学也因此得到了解放,没有了负担与紧张情绪,他做起作业来也轻松多了。

③制订计划,有的放矢。在一次谈心中,他说:"我也想进步,就是不知该怎么做?"我决定帮他制订一个学习计划。在计划中明确给他提出这学期的奋斗目标以及努力方向。同时又分阶段制订了一些小目标,并让他进行自我评定。在作业后还为他写上一些激励性的语句"坚持不懈""持之以恒""自强不息""我一定做得到"等,让他时常看一看,以提醒自己。

(4)关爱生活,乐于交往。

针对他自卑的根源:家庭环境的影响以及家长的粗放教育,我采取了以下措施。①家访。在家访中我批评了他家长的这种教育方式,要求他们对子女多一些关爱,多一些督促教育,与学校做好配合,从而使孩子不断进步,面对我善意的批评,他们在感激之余决定立即做起。最后我们约定定期联系,共同关注孩子的成长。②教给交往的方法。如果你渴望得到他人的关爱,首先就要关爱别人,只有关心他人、帮助别人,才能赢得别人的尊重和喜爱。告诉了王龙同学这个道理,鼓励他多与同学交往,要求他经常与别人谈谈心里话,聊聊天,讨论一下问题,多参加一些集体性的活动,在遇到困难时积极向他人求助,在别人有困难时主动帮助他人,使自己逐渐融入班集体中,让同学们接受他,喜爱他。③开展活动,创造表现机会。为了促进他与同学们的交往,我多次开展集体活动,为他在活动中崭露头角创造了机会。在活动中,我鼓励他大胆参与,并多把机会让给他,让他展示出自己的优势来。在活动中不但让他体会自己是集体中重要的一员,而且让同学们接纳了他,喜爱与他交往,使他表现了自我,得到了满足,充满了信心,从而走出心理的阴影。看着他一天天进步,我真为他高兴。

参考文献

［1］珍尼特·沃斯,戈登·德莱顿. 学习的革命［M］. 上海：上海三联书店,1998.

［2］叶澜.教育概论［M］. 北京：人民教育出版社,1991.

［3］张华龙.体悟教育研究［M］. 北京：教育科学出版社,2009.

［4］曹长德.启发式教学论［M］. 合肥：中国科学技术大学出版社,2005.

［5］肖川.教育的视界［M］. 长沙：岳麓书社,2002.

［6］BROOKFILED S D, PRESKILL S. 讨论式教学法［M］. 罗静,褚保堂,译.北京：中国轻工业出版社,2002.

［7］王永,余文森.指导—自主学习［M］. 福州：福建教育出版社,1998.

［8］任勇.中学数学学习指导的研究与实践［M］. 北京：北京航空工业出版社,2012.

［9］龚正行.中学学习方法指导［M］. 北京：华夏出版社,2002.

［10］陈时见.课堂学习论［M］. 桂林：广西师范大学出版社,2001.

［11］CAMPBELL L, CAMPBELL B, DICKINSON D. 多元智能教与学的策略［M］. 王成全,译.北京：中国轻工业出版社,2001.

［12］刘其武.指导自主学习——初中数学学与教的研究与实践［M］. 南京：江苏凤凰教育出版社,2015.

［13］杜尚荣.感悟教学研究［D］. 重庆：西南大学,2013.

［14］李宁宁.感悟教学的生成与设计研究［D］. 重庆：西南大学,2012.

［15］王建军."体悟教学"的教育学意蕴［J］. 人民教育,2002(6)：47.

［16］郭思乐.感悟学习的若干思考［J］. 课程·教材·教法,2002(1)：10-24.